地域・交流・暮らし

加賀・能登、そして上州

加能地域史研究会・
群馬歴史民俗研究会◉編

岩田書院ブックレット

H-25
［歴史考古学系］

岩田書院

装幀◉渡辺将史

はしがき

群馬歴史民俗研究会代表幹事　板橋　春夫

本書は、石川県で活躍する加能地域史研究会の創立四十周年記念事業の一冊である。同会は草創期に年齢三十歳未満という入会規則を設けてスタートさせたという。今回、シンポジウムの相手をした群馬歴史民俗研究会も発足時(一九八〇年)は平均年齢三十歳以下の若々しい会であった。若さだけが取り柄だったことを記憶している。誕生が近い両研究会は、若造が勝手に始めた、世間知らずで怖いものなし、というレッテルが貼られたようである。

それがどうだろう。両研究会に高齢化という妖怪が鬼気迫る。そのようなときに、加能地域史研究会はあえて冒険に打って出た。他流試合をして自分たちを鍛えようというのである。職人で言えば、腕を磨いて、さらに新しいものを発見しようと「西行《サイギョウ》に出る」。苦行をあえて選ぶ「西行ぶち」の情熱が石川県の皆さんにみなぎっていた。

その他流試合を受けて立つ上州勢は会員一八〇人余である。歴史系はその半分以下、会の名前の通り民俗系が比較的多い。しかも加能地域史研究会とは異なり、在地の会員は会員数の三分の二程である。加賀能登から攻められたらひとたまりもない。しかし、群馬歴史民俗研究会は江戸に近いこともあって他流試合は何度か行ってきた。その経験のある私たちは他流試合の意義と価値を知っている。今回は共同研究会をお互いの地で交互に開催する方式を採った。

まず二〇一六年九月に開かれた石川ラウンドには群馬側からは八人が参加したが、当日報告することになっている秋山寛行さんだけが必死で、他のメンバーは、開通したばかりの北陸新幹線で金沢へ物見遊山気分で参加した。そして翌年に開かれた群馬ラウンドは、我々にとってはホームでの戦いである。少しはかっこよいところを見せたかったのだが、果たしてうまくいったのだろうか。

本書に収録したシンポジウムは、主催者の想定以上に盛り上がったが、そのライブ感を個々の論文がうまく掬いあげられたか。まずは手にとってご確認頂きたい。

目次

開催プログラム（所属は共同研究会開催時のものである）

1　石川ラウンド

日時　平成二十八年九月二十四日（土）12時50分～16時35分
会場　石川県立歴史博物館
司会　袖吉正樹（加能地域史研究会副代表委員・金沢市立玉川図書館近世史料館）
（1）開会挨拶・趣旨説明
　　木越祐馨（加能地域史研究会代表委員）
（2）基調講演「加賀藩の参勤交代と上州路」
　　東四柳史明（加能地域史研究会参与・金沢学院大学名誉教授）
（3）研究報告
報告①「七日市藩前田利孝の再検討」
　　鎌田康平（加能地域史研究会・金沢市立玉川図書館近世史料館）
報告②「加賀前田家の中山道通行と安中宿」
　　秋山寛行（群馬歴史民俗研究会幹事・群馬県立土屋文明記念文学館）
（4）パネル討論
パネリスト　東四柳史明・鎌田康平・秋山寛行
コメント　見瀬和雄（加能地域史研究会委員・金沢学院大学）・藤井茂樹（群馬歴史民俗研究会幹事）
座長　袖吉正樹（加能地域史研究会副代表委員）

（5）閉会挨拶　　板橋春夫（群馬歴史民俗研究会代表幹事・新潟県立歴史博物館）

2　群馬ラウンド

日時　平成二十九年三月二十五日（土）12時50分〜16時40分

会場　高崎市労使会館

司会　岡田昭二（群馬歴史民俗研究会幹事・群馬県立文書館）

（1）開会挨拶　趣旨説明

　　　　藤井茂樹（群馬歴史民俗研究会幹事・川場村誌編纂室）

（2）基調講演　「加賀・能登から上州へ―近世における交流の一齣―」

　　　　佐藤孝之（群馬歴史民俗研究会幹事・東京大学史料編纂所）

（3）研究報告

報告①　「医療民俗学の創設―長岡博男と根岸謙之助の業績から―」

　　　　鈴木英恵（群馬歴史民俗研究会幹事・群馬パース大学）

報告②　「大般若経六百巻と関東」　寺口学（加能地域史研究会・能登町教育委員会）

報告③　「葬式と赤飯―石川県と群馬県の事例から―」

　　　　板橋春夫（群馬歴史民俗研究会代表幹事・新潟県立歴史博物館）

（4）質疑・討議

パネリスト　鈴木英恵・寺口学・板橋春夫

座長　　飯島康夫（群馬歴史民俗研究会幹事・新潟大学）

（5）閉会挨拶　　木越祐馨（加能地域史研究会代表）

基調講演

加賀藩の参勤交代と上州路

東四柳　史明

はじめに

ただいまご紹介いただきました東四柳です。今回、加能地域史研究会と群馬歴史民俗研究会が共同研究会を催すということになりました。ちょうど昨年（二〇一五年）、北陸新幹線が開業され、東京から群馬県を通過して石川県の金沢に至るということで、新幹線の沿線地域と、石川県がお互いに歴史の分野で交流を図ろうということになり、このような企画がもたれたのではなかろうかと思います。

二〇一四年、北陸新幹線開業に先立ちまして、北國総合研究所が企画し、金沢ケーブルテレビで約一年間十五回にわたり放映された番組がありました。これは、加賀藩主前田家の金沢から江戸までの参勤交代の道筋を辿って、沿道の道筋でいろいろな地元の方々からお話をお聞きしながら、江戸に至るという企画で、前田家の歴史に造詣の深い横山方子さん（石川郷土史研究会幹事）と一緒にお手伝いをさせていただきました。

そのご縁もありまして、群馬のほうへも足を運び、碓氷峠を越え上州を経て、武蔵国本庄宿に入るというコースを辿りました。そのときに少し道はそれますが、前田家の一族が大名である七日市《なのかいち》藩（群馬県富岡市七日市）のほうへも立ち寄らせていただきました。そのような経験がありましたので、ここではテレビの取材で歩いたときの紀行的・体験的なことを少しばかりご紹介をさせていただきたいと思います。

1　一九〇回の加賀藩参勤交代の道筋

加賀藩の参勤交代につきましては、以前に忠田《ちゅうだ》敏男さんという金沢市立図書館に長年お勤めであった方が、バイクで参勤交代の道筋を辿り、その後、大変立派な本二冊を発行されています（『参勤交代道中記―加賀藩史料を読む―』一九九三年（平凡社ライブラリー、二〇〇三年）、『加賀百万石と中山道の旅』二〇〇七年）。そのだいたいの内容は、ほとんどこの本でわかると思います。したがって、今日申し上げるのは、忠田さんの仕事をベースにしながら、私なりに多少現地を歩かせていただいた体験を申し上げることになるわけです。

前田家が参勤交代で上州路を通ったのは、江戸時代二三七年間の内、一九〇回ばかりです。「参勤」というのは国元の金沢から将軍のいる江戸へ行くことで、「交代」というのは江戸から国元へ帰ることです。前田家の場合、だいたい九三回が参勤、九七回が交代で、行ったり来たりしていたということです。そうしますと、藩主が病気であるとか幼少であるとかという時期を除けば、毎年金沢と江戸を殿様が行き来していたことになります。

私は能登の出身ですが、能登は前田家の領内であるものの、前田の殿様は三代の利常くらいまでは能登に来たことがあるかもわかりませんが、後は、幕末の一二代斉泰まで、能登へは来なかったと言われています。ところがそれに比べると、参勤交代の道筋である北国下往還、そして中山道経由で江戸へ行くこの沿道筋の地域の方々は、毎年、前田の殿様の参勤交代の行列を見物するということがあったのです。

今日のテーマ「参勤交代と上州路」というのは、まさに信州の軽井沢から碓氷峠を越えて、山間部に入っていくところから上州路が始まるわけです。そこで上州路の話に入る前に、少しばかり前田家の参勤交代についてのあらましを簡単に申し上げますと、そのコースはだいたい全行程約一二〇里というふうに言われています。前田家の江戸へ行くコースを大きく分けますと、越中・越後・信濃・上野を通る北国下街道（下往還）から中山道経由というのが一九〇回のうち一八一回、ほとんどこのコースをたどっています。後は越前・近江・美濃に向かう北国上街道から中山道経由で五回。もう一つは北国上街道から太平洋岸の東海道経由で四回、合わせて一九〇回ということになるわけです。従ってほとんどが越中・越後・信濃、そして上野を経て武蔵に入り、中山道第一番目の宿である板橋宿に着きます。ここには前田家の下屋敷があったので、そこから本郷の江戸の上屋敷へと入っていく形になります。したがって前田家の場合、参勤交代の道というのは、ほとんど北国下街道から中山道経由の道になるわけです。

ところで金沢から江戸へ向かう場合、まず越中へ入ります。越中は前田家の領内ですから比較的ゆったりとした感じで、殿様はあまり緊張感もなく途中遊びながら旅を続けている感があったわけです。しかしいよいよ市振の関（新潟県糸魚川市）から越後に入りますと、緊張感が少し高まってきて、親不知・子不知という北陸道最大の難所に差し掛かります。そこから、糸魚川を経て高田へ出て、海岸線の道をそれ、山手のほうへ向かい信濃路へと進むわけです。そして関川の関所の所で、越後からいよいよ信州へ入る。その後、信濃路を経ながら信濃追分に向かい、そこから中山道に合流することになります。そして軽井沢を経て、碓氷峠を越え上州へと入っていくことになるわけです。

2　一二〇里の行程、一二泊一三日の旅

そのコースは約一二〇里で約四八〇キロメートル。これがその時々の気象条件など、いろいろなことによって、若干、一日か二日延びたり縮んだりしたことがあったかもしれませんが、忠田さんの研究では、北国下街道経由での半分以上は、一二泊一三日であったと言います。

一二〇里を一二泊一三日で行くというのは、一日に一〇里ぐらいの移動です。参勤交代は軍事演習的、戦さ仕立てで進んで行く形とされ、先頭にはお先三品《さんぴん》といわれる長柄・鉄砲・弓とかが付くということで、軍事的な行動です。先日、日清戦争の史料を見ていましたところ、日清戦争の時、その当時は金沢にはまだ北陸線が開通しておりませんでしたから、兵隊たちは金沢の兵舎から福井県の敦賀まで歩くのですが、それがだいたい一日に一〇里ぐらいが移動距離になっていました。どうもこれは、江戸時代から軍隊の移動の目安は、一日一〇里ぐらいとなっていたものかと、思っています。

ともかくそのようなことで、だいたい見ておりますと、一二泊一三日の期間中、午前中二か所ほどの小休止と昼食の後、午後二か所ほど小休止をとり、そのあと宿泊、というのが一般的であったようです。ただし宿泊する場所については、その時々によって多少異同するケースもありました。以前、前田家が小休止する信州のお寺さんで見た史料によりますと、江戸を出発して、国元へ帰るちょうど二か月前くらいに、沿道の昼食(中休み)あるいは小休止するところや宿泊先に、前田家の江戸屋敷から事前に通達が届いております。

前田家の場合は、行列の本体は四、五百人だそうですが、それ以外の関係者を含めますとだいたい二千人規模で行き来していたわけです。それだけの者が宿場にやって来て、休憩するなり、宿泊するなり、中飯を食べるとなれば、これは相当事前に準備していないと、対応できないということだったと思います。二か月くらい前に通達が回っていたというのも、うなずけます。

3　上州における小休みと宿泊

参勤交代のコースで、どこで泊まったか、どこで休憩したかというようなことは、その時その時で若干違いがあるわけですが、元禄五年（一六九二）、五代藩主の前田綱紀が江戸から国元へ帰った時には、上州付近では、本庄（埼玉県本庄市）で泊まって、次の日のお昼は、板鼻（群馬県安中市）で昼食をとり、その日は坂本（群馬県安中市）で泊まって、次の日は碓氷峠を越え追分（長野県軽井沢町）でお昼を食べて、その夜は田中宿（長野県東御市）で泊まっているというような記録があります。

それから、延享二年（一七四五）、六代藩主の吉徳のとき、これもまた国元へ帰る際にも、やはり深谷（埼玉県深谷市）で泊まって、次の日に倉賀野（群馬県高崎市）でお昼を食べて、松井田（群馬県安中市）で泊まっている。そしてその翌日には、松井田を出て坂本でお昼を食べてから、午後、碓氷峠を超えて、信濃追分で泊まっています。

やはり、参勤のときであれ、交代のときであれ、碓氷峠を越えるということが、街道筋の難所ですから、まず麓で宿泊をとってから、翌日の午後の内に山を越えてしまおう、というような対応が図られていたようです。

次に十一代藩主治脩が寛政八年（一七九六）に交代で国元へ帰ってくる場合を見てみましょう。この時は、上州の落合新町で小休みをして、久保五左衛門という者の家に休息。そして、倉賀野で小休止して、勅使河原八左衛門という者のところで休息し、さらに高崎でも小休止して、梶山与惣右衛門という者のところで休息する。このときは、だいたい出発時間は、朝六時ぐらいにお供揃いをして、七時ごろに、出立するという感じで、その時々によって違いますが、夜は日も長かったので宿に六時から七時くらいに入っている感じで、高崎では泊まるケースは少なく、小休止することが多かったようです。

次に掲げる史料は、『石川県史』の第参編に収録しているもので、いつの時期のものかよくわかりませんが、江戸・金沢間の日程が詳しく載っています。これには小休みの所も細かく書いてあります。

〔史料1〕江戸―金沢間の日程（『石川県史』第参編、一九四〇年）

第一日　森下小休　津幡中休　倶利伽羅小休　今石動宿泊　里程六里二十五町。
第二日　福岡小休　高岡宿泊　里程四里。
第三日　小杉・下村小休　東岩瀬中休　西水橋小休　魚津宿泊　里程十一里三十町。
第四日　三日市小休　浦山中休　船見小休　泊宿泊　里程六里二十四町。
第五日　境小休　青海中休　糸魚川宿泊　里程六里二十四町。
第六日　能生・遠崎小休　名立中休　有間川・五智小休　高田宿泊　里程十二里十八町。
第七日　荒井・関山・二俣小休　関川中休　柏原小休　牟礼宿泊　里程十二里六町。
第八日　新町小休　南原村・屋代・下戸倉小休　坂城宿泊　里程十里十八町。
第九日　鼠宿・上田小休　海野中休　小諸・馬瀬口小休　追分宿泊　里程十一里十八町。
第十日　軽井沢・はね石小休　坂本中休　松井田・八本木小休　板鼻宿泊　里程十里七町。
第十一日　高崎小休　落合新町中休　本庄・深谷小休　熊谷宿泊　里程十二里七町。
第十二日　吹上小休　鴻巣中休　上尾・大宮小休　浦和宿泊　里程十里十二町。
第十三日　蕨中休　江戸着　里程五里二十八町。

これを見ますと、金沢を発って江戸に向かう途中、軽井沢から碓氷峠を越えて、上州に降りてきて坂本でお昼。午後は松井田・八本木で小休みし、その日は板鼻で泊まる。そして次の日は高崎で小休み、落合新町で中休みし、その日は熊谷泊まり、ということになっているのがわかります（傍線は群馬県内）。

4　十一代藩主治脩の日記

次に掲げた史料は、『大梁公日記』という十一代藩主前田治脩の日記の中の明和九年（一七七二）金沢から江戸へ向かう時の記録です。

〔史料2〕『大梁公日記』明和九年（一七七二）七月二十二日条（抄）

○高崎　通行

城下異変の様子なし、町掃除奇麗、夫々役人共出馳走入念也、宿の少しこなたゟ俄にあつき事たえかたし、何ニたとえむかたなし、此間の暑さハむせあつきの方也、けふの暑ハ青天風も有り、すゝしき様なれとも、駕中の暑サ直ニ腹中へツキヌク如くニ照り付ル也、誠に極真の残暑とも云つへキもの歟、供人大汗を流す、駕籠にて倉賀野ニ着ス、

○倉賀野　小休　九半時頃着ス

駅中替事なし、旅宿余程ムサシ、古屋也、暑キ事たえかたし、庭の向フニ藪有、此内ニ山鳩の雛鳴、其声猶暑サヲ添フ、暫有之、上清水瓦毛ニ而出立ス、馬上の方ハ結句駕籠ゟハ少々風モ有、第一見晴ラシ有てよろし、

○烏川

甚減水也、尤船渡也、されとも川の様子馬ニ而渡されましきとも云れぬ風情也、水面ハ勿論、川原のうち殊外すゝし、天気もよろし、川ヲ越えて向フの岸ニ而又馬ニ乗、跡勢の渡すを見合す、大弐勢《セイ》渡すを見て馬をすゝむ、

○神名川（神流川）

是亦甚減水也、橋かゝる、細橋也、去秋入国の節ハ水一滴もなく、只河原のミに而何レ烏川ニ而ヤあるらんトしらさるくらひ也、夫ニ合セてハ誠に此度ハ烏川とも云へし、

この七月二十二日の条に上州高崎の様子が書かれています。高崎は城下町で、「町掃除奇麗」とあって、町中は掃除されて非常に綺麗であったとあり、それぞれの役人たちが出ていろいろ世話をしてくれたとあります。またこの日は、非常に熱いこと耐えがたしとある。旧暦七月は今の八月のですから、大変熱かった。供の者も汗を流した、と書いています。だから七月・八月の参勤交代は大変だったということが、ここでわかるわけです。

そして、倉賀野で小休みをしていますが、宿は「余程ムサシ」とあって、古くきたならしい宿であって、あまり良くなかったと言っています。そのあと、駕籠から出て馬に乗って移動するようになったところ、少々風もあって見晴らしも良かったといって殿様は喜んでいる。そして烏川を渡ります。ここは舟《ふな》渡しです。金沢から江戸までの間には、いくつかの大きな川を越えなければなりません。橋の架かっているところもありますが、橋の架かっていないところは、徒《かち》渡りといって浅瀬を選んで歩いて渡るところと、舟で渡る舟渡しというところと、舟橋《ふなばし》を仮設に造ってその上を渡るところがあります。この烏川は舟渡しです。

烏川は利根川の支流で、この倉賀野という宿は、越後から中山道を経て積んできた物資を、倉賀野河岸から舟に積んで江戸へ運ぶという、陸上交通と河川交通の結節点で、当時は栄えたところでした。そして烏川を越えた後、神流《かんな》川を越えることになりますが、この年は水が非常に少なかったと書いてあります。そこには橋が架かっていて、その橋は細い橋だったと書いてあります。また、その前年の秋に入国した際には川に水一滴も無く、ただ河原のみだったとも記しています。

5　高崎長松寺と金沢天徳院

神流川を渡ると武蔵国に入ります。私は以前の百万石大名の参勤交代のテレビ撮影の際に、高崎の赤坂町にある長松寺に立ち寄りました。このお寺の書院は、松平（徳川）忠長が高崎城で切腹したときの部屋を移築して、使っているといいます。この松平忠長は、前田家三代利常の正室珠姫（将軍徳川秀忠の次女）の実弟になります。

この長松寺で史料を見せていただきました。それは幕末期のもので、年代は書いてありませんが、当時の長松寺の住職が、金沢の天徳院に宛てた手紙の下書きです。それには次のようなことが書いてありました。

自分の寺は、曹洞宗だが、天保二年（一八三一）以来、ずっと前田の殿様や、殿様の若君が高崎を通るときに、休息をする場所になっているのだと。そのこともあって、自分は三十年来、前田家のお殿様と入魂の間柄であり、お寺としては、喜こばしく誇るべきことであると。そして、自分のお寺は、天正年間（一五七三～九二）の開創以来、代々、住僧がこのお寺を守ってきたのだと。

ところが、もともとこのお寺は、あまり力がない、寺の経済状態が良くなかった。なんとか自分の寺を修復しようとして大変苦労しながら、今日までやって来た。しかし近年、大地震や大雨などのために、お寺が傷んでしまった。その為に、前田家のお殿様や若君が行き来するときに休息する御座所も傾いてしまい、見苦しい状態になっている。今は到底ここにお休みいただくのは耐えがたいという状態に陥ってしまったとあります。

そこで住職は、加賀の曹洞宗の触頭寺院であり前田家の菩提寺でもある金沢の天徳院に対して、次のようにお願いしました。それは、永年前田家のお殿様の休息所であった御縁をもって、前田家の御領地の三か国、加賀・能登・越中の領民、並びに前田家の御家中に、向こう三か年の間、お寺を修復するために勧進して廻ることの許可を、前田家に認めていただく仲介をぜひともお願いしたい、というものでした。残念ながら、これは要請の案文ですから、これが現実におこなわれたかどうかは、史料がないためわかりません。

前田の殿様がほぼ毎年、この北国下往還と中山道を行きかうということは、宿場にとっては、それなりに経済的な面でも大きな恩恵を得ていたと思われますし、同時に、また殿様が途中休息したり昼食をとったりする寺院や、宿泊する本陣は、前田家と格別な御縁を持つということになってくるわけで、改めて私は、この信州・上州を通った時に、沿道の宿場の人たちから、前田の殿様、前田様というものが、大変身近な存在であったということを実感した次第です。

6　十二代斉広正室の紀行文

また十二代藩主前田斉広の正室であった金龍院（隆子、関白鷹司政熈の次女）が、天保九年（一八三八）に国元の金沢へ帰った時のことを紀行文「こしの山ふみ」として残しています。金龍院は藩主の正室ですから、いわば幕府の人質ですので、国元へ帰るということは、正式に言えないものですから、越後へ湯治に行くという名目で金沢へ帰っています。国元へ帰るためには信州や越後を通過しなければなりませんが、冬場など天候の悪い時期は、移動できないわけで、比較的天候の良い時期が選ばれています。この時も八月四日に江戸を出て八月二十二日に金沢に着いています。そして金龍院はその旅の先々で和歌を詠んでいます。ここに紹介するのは八月の記事です（八月は今の九月にあたります）。

〔史料3〕「こしの山ふみ」天保九年（一八三八）八月（前田淑編『近世女人の旅日記集』所収）

八日。空いとよく晴わたれり。辰のきざみに出立。駅路を過れば山の麓なり。河の流れいとすさまじ。

　橋をこゆるとて、

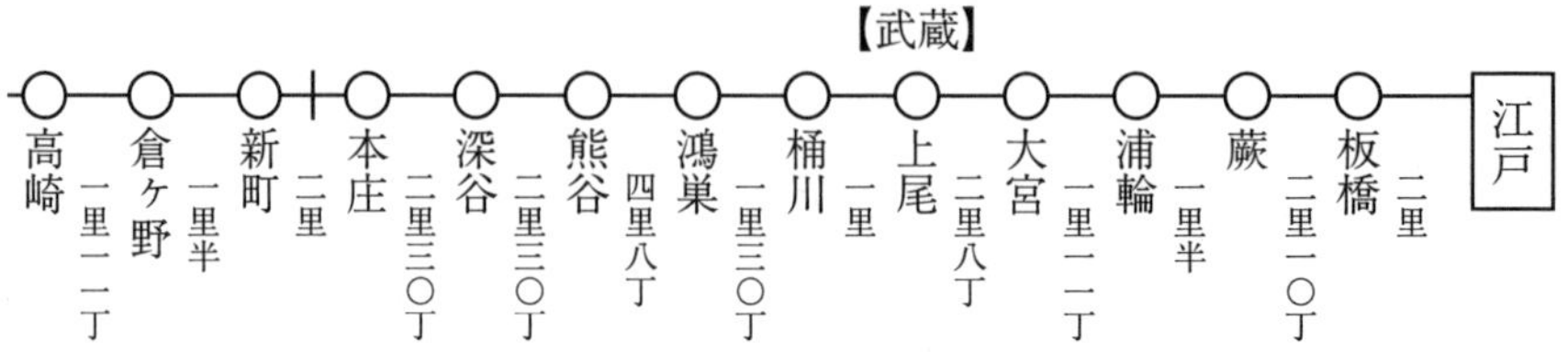

　山たかみ名にながれたる麓がはあやうさながらわたる板ばし
うへの山を鷹巣山といふときゝ侍りて、
　まつ桧原みどり重ねて名にしおふ鷹の巣山のおくふかきかげ
安中、原市村など行に、山田のいねのいとよく色づきわたるをみて、
　あさまだき心もはれて打むかふ田づらの稲のゆたかなるかげ
八本木にしばし休らひ、松井田に昼のやすらひしつゝ、猶、末はるかに分行ば、
　村つゞき森のこずゑも滝浪もひとつにむかふ今日の山みち
たどり〳〵幾山むらを分行まゝに、白雲山まぢかくみゆ。
　かげ高く空に聳て山の名の白雲はるゝけふのながめは
他にも似ぬ山の姿いとめでたし。夕つかた横川の関の此方にやすらふ。窓の外を見わたせば、白雲山の岩根づたひ、滝の落くるも珍らかなる物から、旅のこゝろもすみて、
　白雲の山のみをよりいく千筋いと繰かへしをつる滝なみ
関をこゆるとて、
　のる駒もかち行人も袖はへて易くぞこゆるよこがはの関
程もなく碓氷川にいたりて、
　さし下す筏やいづこうすひ川そのいにしへのことをとはまし
などおもひつゞけつゝ、申の皷かぞふるころ、坂もとの宿りに着侍りぬ。
九日。けふの山越いかならむと兼て思ひ侘しに、空いと隈なく晴わたり、秋の日ものどかなれ

国	宿	次の宿まで
【上野】	（一里三〇丁） 板ヶ鼻	三〇丁
	安中	一里八丁
	松井田	一里三〇丁
	坂本	二里半
【信濃】	軽井沢	一里八丁
	沓掛	一里半
	追分	三里半
	小諸	二里半
	田中	二里半
	上田	三里
	榊	三里
	矢代	三里
	丹波嶋	一里
	善光寺	

ばうれしく、辰のきざみに宿りを出て、碓氷の山口にかゝりて、

　出る日の光とともに分のぼるうすひの山のみちぞ遥けき

からうじて山のなかば分入て、はね石といふに休らふ。四方のながめげにことなり。なをこえ行に、谷水に心地よげなる車のかゝりたるを、

　世の中の水をこゝろの水ぐるまめぐりあひみる旅も珍らし

さす沢といふ所にて、

　奥ふかき岩まづたひにさす沢のみづの流れや清くすむらん

堀切ざか、長坂てふたち越て、二王堂、熊野権現の社を過がてにふし拝み、峠にいたりぬ。

　上野やこゝぞ信濃のさかひなるうすひの峠こえぞわづらふ

　ゆく人も駒の蹄もやつれなむ我のみやすくこゆる山みち

前述した高崎を過ぎて鷹巣山の麓を通り、そして安中・原市・松井田と進み、松井田でお昼をとっている。そして横川の関所に至ります。横川の関所は、関所の中でも木曽福島の関所と並んで中山道の重要な関所と言われていたところで、ここには東門と西門があって、幕府が管理しているのが東門で、安中藩が管理しているのが西門でした。なお西門建物は本来の場所から少し移動されて現在も残っています。

更に碓氷川を渡って坂本へ向かいます。この坂本から碓氷峠を越えることになりますが、金龍院はここでも和歌を詠んでいます。そして碓氷峠の手前の堀切坂・長坂を越えて、二王堂・熊野権現の社を過ぎがてらに伏し拝みし、峠にいたったとあります。この堀切は、加賀藩の家臣であ

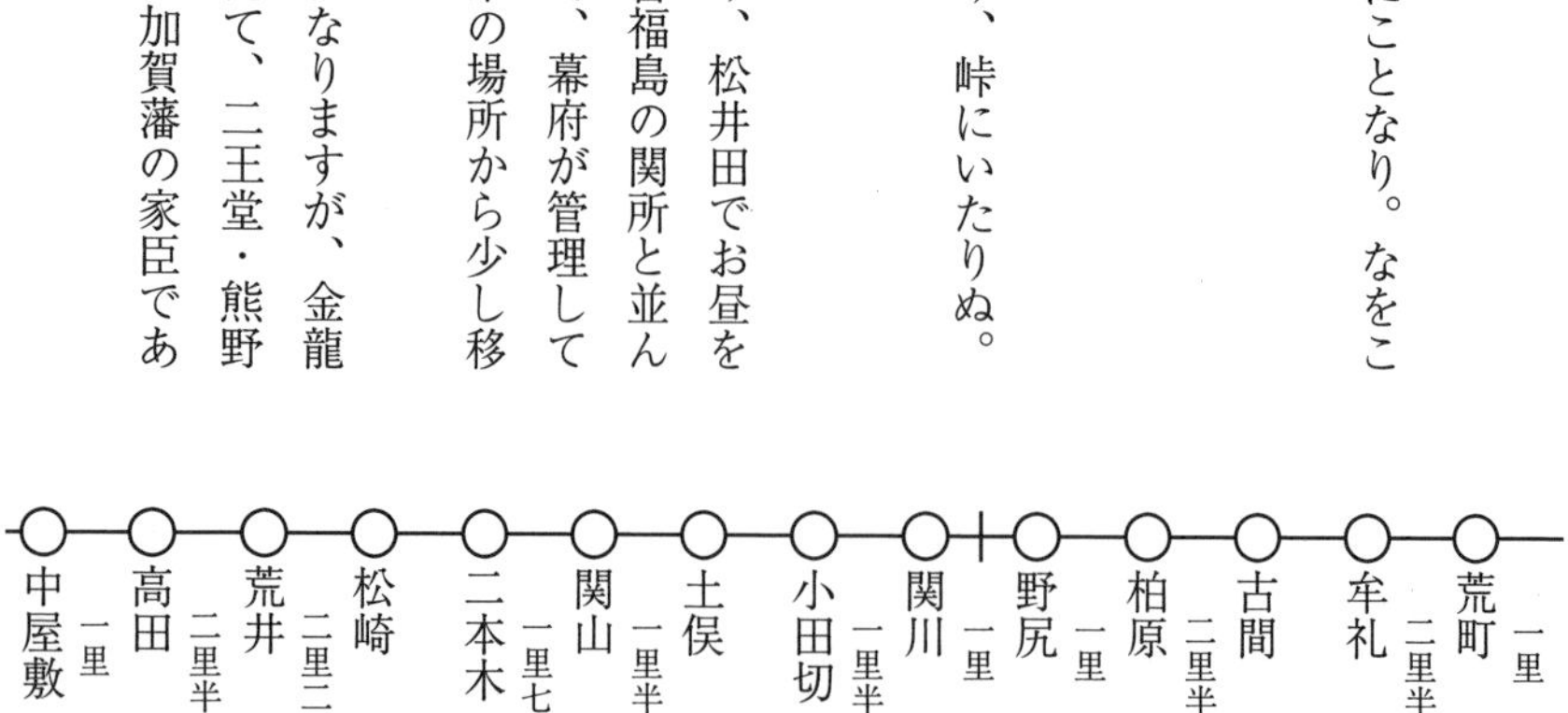

った浅香久敬著の『東武道中輯録』によれば、前田利家が、天正十八年（一五九〇）に、松井田城攻略の時に堀切をつくった場所だと書かれています。

碓氷峠は信州と上州の国境ですが、この碓氷峠の上に熊野神社があって、この熊野神社境内のど真ん中に、信濃と上野の国境があるわけです。

そして、そこに現在は神社の看板が二つありまして、群馬県（上州）側は熊野神社、長野県（信州）側は熊野皇大神社という社名になっていて、社務所も神主さんも別々で、賽銭箱は、一つのお宮に二つ並んでいます。両方のお宮の賽銭箱が並んでいるのです。なんとも面白い。その前の碓氷峠の山頂を中山道が通っているわけです。金龍院はこの熊野権現の前を通るときに、神社は長い段を上がった上にありますので、おそらくお宮まで行かないで、下から伏し拝みして通過し、標高一二〇〇メートルの峠にいたったのでしょう。碓氷峠を越えると軽井沢です。そこから、信濃追分、ここで中山道からそれて、さらに北国下街道へと入っていくわけです。

7　雷電為右衛門のエピソード

碓氷峠にまつわるものとしては、雷電為右衛門という、江戸相撲切っての強豪力士の話があります。信州の上田と小諸の間に田中宿があり、その近郊に大石村があって、そこが雷電為右衛門の出身地で、今でも雷電の生家が残っています。これも現地で聞いた話しなのですが、雷電為右衛門は、江戸相撲に二十五歳の時に入門しましたが、それまでは、馬方をしていたそうです。北国下街道から中山道を馬を引っ張って荷物を積んで、信州から上州へと碓氷峠を行き来していた

【越後】

一里　長浜　一里　有間川　名立　三里　能生　三里　鍛冶屋敷　一里六丁　糸魚川　一里一五丁　青梅　一里二七丁　宇多　外波　一里二〇丁　市振　一里二七丁　泊　二里　入膳　二里　三日市　二里　魚津

ということです。そしてあるとき、碓氷峠の途中で、前田家の殿様の参勤交代の行列と出会ったというのです。その時に、道が狭かったので、雷電は、自分が曳いていた馬にたくさんの荷物が乗っていたそうですが、その荷物を積んだまま、馬の足を持って自分の目の位置より上へ持ち上げて、前田家の行列を無事通したといいます。そうしたところ、殿様が籠から戸を開けて、「あっぱれじゃ」と申したそうです。それほど雷電は、怪力であったというエピソードです。ちなみに雷電は、江戸相撲に入って半年後に大関になります。その後、四十歳まで、大関を約十五年間近くつとめた名力士でした。

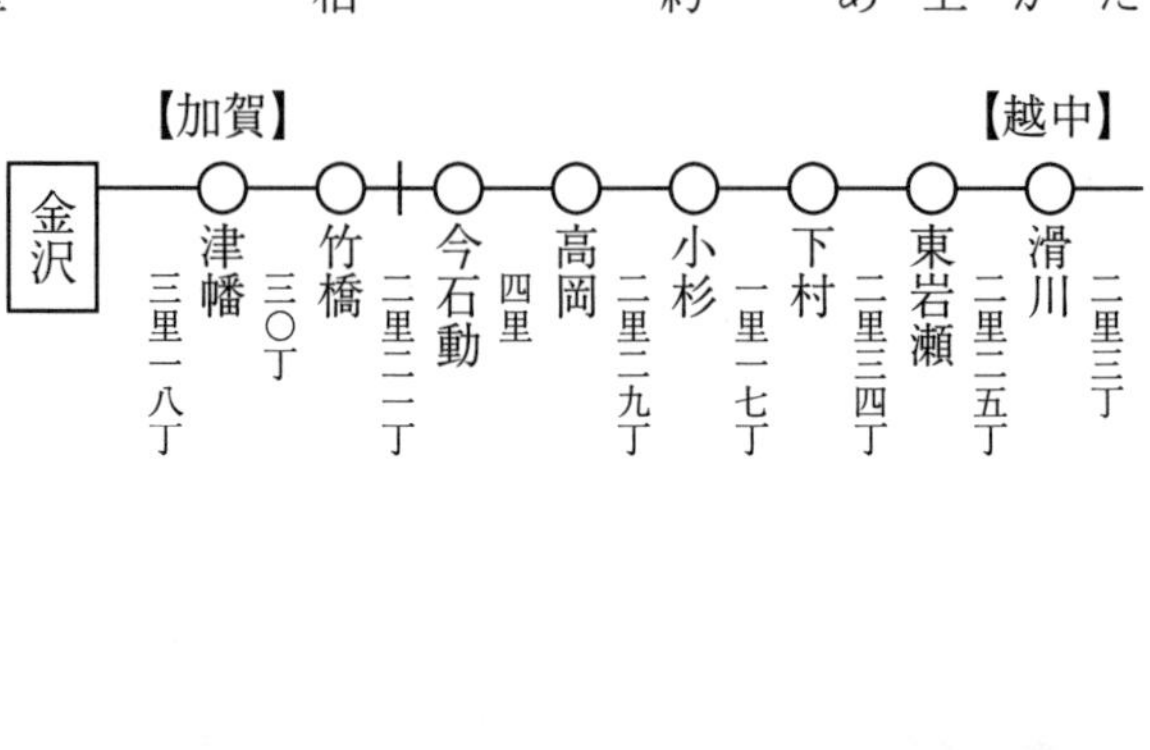

8 大道寺政繁の墓が泣く

最後に、先にも記した戦国期の松井田城攻略時の天正十八年（一五九〇）四月二十日付の守屋柏斎書状を紹介しましょう。

〔史料4〕 意成守屋柏斎書状 〇宮城県 伊達家文書

（前略）
一うすい《碓氷》のとうけふもと《峠麓》ニ、まつゐた《松井田》と申候地ニ、大どうし《大道寺政繁》殿こもり被申候か、昨日廿日懇望被申、罷出被申候ヲめしつれ、としいへ《前田利家》小田原へ御越候ニ、それかしも御とも申候而、浅たん正《浅野長吉》殿両人たのミ入、かいふん《涯分》申立ミ可申候、上右ニろし《上郡山仲為》にてゆきあい申候て、同心申候か、しあハせ《仕合》よく御さ候由、存申候、よくもあしくも、り《理》をすまし申候て、罷帰申へく候、小田原ハミ《見》不申候て申上候事、いかゝニ候へとも、はやく〳〵承候ふん《分》ハ、鬼神成共、たてあハせ《立合》申へく候様、御さ《座》なく候と申し候、（中略）

（天正十八年）（廿一日ノ誤）
四月廿二日　　　　（青印）◯　（守屋）守柏斎意成（花押）

この年、豊臣秀吉の命令を受け、前田利家は上杉景勝や真田昌幸と一緒に、小田原城の北条氏政攻めのために、北国下街道から中山道に進んでいくことになります。その時、後北条氏方の城である上州松井田城を守っていたのが、大道寺政繁という後北条氏の武将でした。三月から四月にかけて、豊臣方の前田軍・上杉軍が盛んに松井田城を攻撃しますが、なかなか陥落しません。そこで利家は調略を働かせそれが功を奏したと見え、大道寺は前田方に降伏し、松井田城は落城しました。

この手紙の発給者の守屋柏斎意成という人は、伊達政宗の使者です。これによると、政宗の使者である守屋柏斎意成は、松井田城で利家方に降伏した後北条氏の家臣の大道寺政繁を、小田原攻めをおこなっている秀吉のところまで、前田利家と一緒に連れていった。そして、この者（政繁）の協力によって、松井田を落とすことができたことを、秀吉に報告したとあります。

当然、利家は大道寺に対して、小田原が陥落したら、自分（利家）が秀吉に、おまえ（大道寺）が助かるように取り成して命を助けてやろうじゃないか、というようなこと言ってたわけです。その後、大道寺は前田軍の北関東攻略、特に武蔵国の鉢形城とか、八王子城攻略とか、川越城攻略にも利家方に味方して協力した。ところが、最終的に秀吉は、小田原城陥落後、後北条方の降伏した侍たちに対して、極めて厳しい態度で臨みました。そのため利家が何とかして大道寺政繁を助けて欲しいと命乞いをしたものの、秀吉は後北条方を裏切ったそういう連中は決して許されないということで、結局、大道寺政繁は川越で切腹を命じられたのです。

大道寺政繁は、松井田の城主であったため、松井田に政繁ゆかりの曹洞宗補陀寺というお寺があります。ここに大道寺政繁の墓があるのです。江戸時代、前田家の参勤交代の行列が松井田宿を通過し、中山道に面した補陀寺の前を通るごとに、大道寺政繁のお墓が、前田家（利家）にだまされて「悔しい」と言って墓石が汗をかくという話が、松井田に現在でも残っているということです。

やはり地元の人びとにとって、この天正十八年の前田利家の松井田城攻略というものが、後々までもいろいろな形で、記憶され語り伝えられ、そういう伝承を生んでいたということになるわけです。これは、前田家と街道筋の宿場の人びととの関わりを窺わせる一面ではなかろうかと思われます。

おわりに

金沢を経った前田家の参勤交代の行列も、上州に入って碓氷峠を越えると、いよいよ後は武蔵国に入り、江戸を目前にするということです。もうそこは江戸まで二十数里の距離まで辿ってきているわけで、行列も江戸へとはやる気持になっていたと思います。ともあれ加賀藩主前田家の参勤交代の道筋を辿りながら、あらためて、沿道筋の地域の人びとの間に、百万石大名の前田家というものの存在が、いろいろな形で記憶され続けている、そして、沿道の宿場の人びとが、前田家の殿様に対して、親近感を持って語り伝えているということを知ったわけです。

江戸時代の一二泊一三日、一二〇里のコースが、現代の北陸新幹線の開業によって二時間半で、行き来できるようになった。近くなった群馬県の皆様方と私たち石川県の人間が、歴史の交流会をもてたことをうれしく思います。

加賀・能登から上州へ
―近世における交流の一齣―

佐藤　孝之

加能地域史研究会と群馬歴史民俗研究会による共同研究会のテーマ「加賀・能登と上州の交流」にちなみ、近世における両地域の交流の一齣を紹介したい。まず最初に取り上げるのは、加賀・能登に越中を加えた加越能地域から上州を含む関東にやって来た「鏡磨ぎ」であり、次に取り上げるのは、能登から上州にやって来た「漆掻き」である。

鏡磨ぎとは、鏡を磨ぐこと、またそれに従事した職人をいう。かつて銅製であった鏡は、時間の経過により鏡面に曇りが生じた。この曇りを除くため鏡面を磨く必要があったが、研磨には水銀を使うなどの技術を要した。また漆掻きとは、漆木からヘラを使って樹液を採取すること、またそれに従事した職人をいう。能登をはじめ北陸地方では漆生産が盛んであった。一方、上州南西部の山間地域も漆生産が盛んで、近世初頭から漆年貢を上納していた。

本稿は、この鏡磨ぎと漆掻きという二つの出稼ぎについて紹介するが、併せて越中からの薬売りについても触れることにしたい。これによって、加賀・能登(北陸)から上州(関東)へという一方向ではあるが、両地域間の交流の様相を垣間みることにしよう。

なお、本稿で取り上げる鏡磨ぎ・漆掻きについては、既に次掲の拙稿で述べたことがある。ここでは、それらをまとめ直して紹介するとともに、新たな史料の利用も試みたい。

※拙稿「漆屋と鏡磨―江戸時代の出稼ぎ二題―」（加能史料編纂委員会編『加賀・能登　歴史の扉』石川史書刊行会、二〇〇七年、以下〔拙稿a〕とする）

※拙稿「幕末期の上武地域における能登の漆掻き」（東四柳史明編『地域社会の文化と史料』同成社、二〇一七年、以下〔拙稿b〕とする）

一　鏡磨ぎ

1　鏡磨ぎ稼ぎの展開

まず、鏡磨ぎを取り上げよう。『七尾市史』資料編第二・三巻（一九七一・七三年）には、鏡磨ぎのために関所通行手形の発給を申請した次のような史料が収録されている。

ⓐ文政十年（一八二七）十月　能登国鹿島郡武部村八十郎（三〇歳）「当月三日出立仕来子三月まで、上州江冬稼ニ鏡磨ニ罷越申度」（第三巻三二八頁）

ⓑ元治元年（一八六四）十一月　鹿島郡山崎村要蔵（三〇歳）・勇蔵（三四歳）「上州厩橋江冬稼ニ罷越度」（第二巻二七一頁）

ⓒ慶応二年（一八六六）五月　鹿島郡山崎村要蔵「為稼上州厩橋江罷越申度」「当年九月中帰村可仕候」（第二巻三二〇頁）

ⓐによれば、武部村の八十郎は、十月三日に出立し翌年三月まで、冬稼ぎに鏡磨ぎをするために上州へ出掛けることを願い出、関所通行手形の発給を申請したのである。ⓑⓒには鏡磨ぎとは明記されていないが、ⓐに照らせば、鏡

磨ぎのための上州厩橋（前橋）への出稼ぎとみられよう。ⓑⓒの双方に名のみえる要蔵は同一人で、「水飲」佐助の倅とある。また、ⓑはⓐと同じく冬稼ぎであるが、ⓒは五月に申請し、九月には帰村するとあるので、夏稼ぎの場合もあったのである。このような鏡磨き稼ぎに関し、「熊淵村等灘十ヶ村」の庄屋・組頭・惣百姓代に対し、年代は詳らかではないが、子年九月二十一日に次のような取締令が発令されている（『七尾市史』資料編第二巻二七一頁）。

為冬稼関東筋へ例年罷越候者有之、中にも役人共江不申達、忍候而罷越候者も有之躰相聞候、（中略）若已来右躰之者於有之ハ、致帰村候ハヽ、早速役所へ可申断候、僉議之筋有之候間、急与一同厳重ニ可申渡置者也、

これは、無断での関東方面への冬稼ぎを規制しようとするもので、このことは関東方面への無断出稼ぎが多発していたことを示していよう。

以上は能登の事例であるが、越中氷見では寛政七年（一七九五）に、同所の鏡磨ぎについて、①新規の鏡磨ぎの停止、②夏中の鏡磨ぎ稼ぎ（土用稼ぎ）の停止、③御収納・諸上納物決算後の鏡磨ぎ出立、彼岸終日の帰国日限の徹底（冬稼ぎ）、④不届者の他国稼ぎの禁止と違反者に対する罰則などを定めた「鏡磨御縮方定書」が制定されている。これは「農業ヲ相疎シ、鏡磨或小商人体之無頼」となる状況の中で、「稼之第一」である鏡磨ぎが禁止される事態を避けるためであったという（赤井孝史「氷見の村と鏡磨」園田学園女子大学歴史民俗学会編『「鏡」がうつしだす世界』岩田書院、二〇〇三年／『氷見市史』1通史編　古代・中世・近世、二〇〇六年、五八三頁）。②に関しては、能登の事例でも夏稼ぎが行われていたことが知られる。④に関しては、勝手に出国した場合には連れ戻すことも規定されているが、前述のように、能登においても年未詳ながら無断冬稼ぎの取締りが行われていた。

右の定書にも「小商人体」とあるように、鏡磨ぎは小間物の行商も併せ行っている場合が多く、年未詳の「鏡磨共他国江持参之小間物類」（『氷見市史』3資料編一、一九九八年、八四六頁）によれば、氷見の鏡磨ぎが取り扱う小間物は

日常生活の必需品を中心に、趣味や娯楽品なども含め一五四種にも及んでいる。また、鏡磨ぎにはそれぞれ何国行きか決められており、さらに一国の中にも受持ち範囲が定められていた（前掲赤井論文）。とすれば、能登鹿島郡山崎村の要蔵の行先が上州厩橋とあるのは、幕末期には厩橋辺りが同人の受持ち地域であったことを示すものであろう。

次いで、鏡磨ぎの出稼ぎ先での活動が知られる史料を挙げてみよう。次に掲げるのは、上州山田郡大間々町（群馬県みどり市大間々町）の修験大泉院の日記（『大間々町誌基礎資料Ⅷ　大泉院日記』）から、文政四年（一八二一）正月二十六日条である。

一廿六日、晴天、八ッ頃ゟ風

天王様御鏡三十六枚、神明様御鏡壱まへ、八幡様御鏡壱まへ、右三十八枚御鏡ヲとく、加賀国鏡とき与右衛門、

このように、天王・神明・八幡の三社で合わせて三八枚の鏡を、加賀の鏡磨ぎ与右衛門が磨いだことが記されており、ここでは加賀からやって来た鏡磨ぎの活動が知られる。また、武蔵国八条領組合（埼玉県越谷市・八潮市・草加市）では、天保十四年（一八四三）に関東取締出役の指示を受けて、「御取締御趣意筋組々申合箇條書」（筆者蔵）を制定しているが、次に掲げるのはそのなかの一か条である。

一年々加州・越州筋ゟ鏡磨と唱歩行候者之儀、右職分之外小間物類仕入売歩行候儀、地廻り小間物商ひ差止候上ハ、猶更差留可申筈ニ候、

このように、「加州・越州筋」＝加賀・越中方面からの鏡磨ぎの存在が知られるとともに、彼らが小間物商売も兼ねていることが述べられている。鏡磨ぎが小間物商売にも携っていたことは前述したが、ここでもそれが確かめられる。なお、ここでは小間物商売が差止められたのであり、鏡磨ぎ自体が禁止されたわけではないが、鏡磨ぎ稼ぎにどのような影響が出たであろうか。

以上のように、加越能地域から関東への鏡磨ぎ稼ぎの展開が知られる。ここまでは、〔拙稿a〕に依拠して述べてきたが、次に「西牧関所通行改日記」によって、さらに鏡磨ぎの動向を追ってみよう。

2　上州西牧関所を通行した鏡磨ぎ

中山道の脇往還の一つに下仁田《しもにた》道がある。上州から信州に通じている下仁田道の上野国甘楽郡本宿村（群馬県甘楽郡下仁田町）には、西牧《さいもく》関所が設置されていた。この関所の「西牧関所通行改日記」が二冊残されている（群馬県立文書館寄託・群馬県甘楽郡下仁田町本宿「神戸金貴家文書」1446・1447）。一冊は元禄四年（一六九一）九月から同十三年三月まで、もう一冊は宝永七年（一七一〇）から享保六年（一七二一）まで、同関所を通って上州側に入った人びとが記録されているが、そのなかに多数の鏡磨ぎが含まれている。まず、第一冊目の冒頭の元禄六年分のうちから鏡磨ぎが登場する部分を抜き出して掲げてみよう。

（元禄六年）
八月廿九日
一越中戸山又右衛門、かゝみとぎニ参候、下仁田へ参候、道具買ニ、
（十一月）
九日
一賀州金沢かゝみとぎ、江戸へ参候、与四兵へ・五兵衛、
十一月十八日
一賀州森本町弥右衛門・武右衛門・八兵へ、江戸へかゝみとぎニ参候、小伝馬町三町目枡や八右衛門所へ参候、
十一月廿七日
一加州ひミ孫兵へ・三右衛門、かゞみとき

このように、出身地・名前・目的（鏡磨ぎ）・行先が簡略に記されている。こうした鏡磨ぎの通行記録の全体を示し

たのが表1であるが、合わせて四三件を数える。越中氷見を「加賀」や「加州」としている場合があり、氷見の表記も様々であるが、氷見の鏡磨ぎが四三件中三二件と最も多くなっている。次いで、加賀金沢の八件(兼沢村を含む)となる。この他では、加賀森本町が一件、越中戸山(富山)が一件、越中とのみ記されたものが一件である。

行先では、明記されていない場合もみられるが、多いのは江戸の一二件で、No.3・35では具体的な訪問先まで記されている。次いで多いのが下仁田町(村)の一一件であり、ここでも特定の訪問先が記されている場合もみられる。下仁田が目的地であれば西牧関所を通るのは自然であるが、江戸へ向かう場合も多かったことがわかる。

通行の時期は十一月が二六件と最も多く、次いで十二月が一一件、十月が三件となる。この三か月で通行のほとんどを占め、他は八月に二件、九月に一件に止まる。特に十一月に集中している様子が知られるが、前述した冬稼ぎに当たるものといえる。

表1　西牧関所通行の鏡磨ぎ

No.	年月日	出身地(人数)	行先	備考
1	元禄6年(一六九三) 8月29日	越中戸山(1)	下仁田	道具買
2	〃 11月9日	賀州金沢(2)	江戸	
3	〃 11月18日	賀州森本町(3)	江戸小伝馬町三丁目枡や八右衛門	
4	〃 11月27日	加州ひミ(2)	?	
5	元禄7年(一六九四) 10月16日	加州金沢町(2)	?	
6	〃 11月9日	賀州越中ひみ村(4)	?	

7	〃　11月20日	加州金沢町(3)	?	
8	〃　11月20日	越中ひみ村(3)	?	
9	元禄8年（一六九五）8月4日	越中ひみ村(2)	?	
10	〃　10月25日	賀州金沢尾張町(3)	江戸	
11	〃　11月17日	賀州ひみ町(2)	江戸	
12	〃　11月22日	賀州ひみ町(4)	武州	
13	〃　12月1日	賀州ひみ本川(1)	江戸	
14	〃　12月1日	賀州ひみ今町(3)	江戸	
15	元禄9年（一六九六）11月3日	賀加兼沢村(4)	江戸	
16	〃　11月9日	賀加兼沢村(2)	江戸	
17	〃　11月22日	加州ひみ(2)	?	
18	〃　11月23日	加州金沢(3)	在々	
19	〃　11月27日	加州金沢町(1)	?	
20	〃　12月3日	賀加越中ひみ村(2)	江戸	
21	〃　12月9日カ	賀加ひみ村(2)	?	
22	元禄10年（一六九七）9月27日	越中ひみ(1)	?	
23	〃　10月29日	賀賀ひみ村(4)	?	
24	〃　11月9日	越中ひみ(2)	?	
25	〃　11月18日カ	加賀ひみ村(2)	下仁田	
26	元禄11年（一六九八）11月13日	越中ひみ村(3)	?	

27	〃　12月2日	ひみ(4)	?	
28	元禄12年(一六九九)　11月16日	加賀国ひみ町(4)	江戸	
29	〃　11月21日	＊越中ひみ町(2)	?	
30	宝永7年(一七一〇)　11月10日	越中ひみ町(3)	下仁田町定右衛門	
31	正徳2年(一七一二)　12月5日	加賀越中ひみ村(2)	下方	
32	〃　12月11日	越中ひミ町(1)	下方	
33	正徳3年(一七一三)　11月7日	越中ひみ(1)	下仁田村	
34	正徳4年(一七一四)　11月7日	加賀越中(3)	江戸方	
35	〃　11月23日	＊越中ひみ(3)	江戸小伝馬町三丁目よしみ権兵衛	口入　本宿村小左衛門
36	正徳5年(一七一五)　12月7日	＊越中ひみ(6)	下仁田町六兵衛	
37	〃　12月9日	＊越中ひみ中町(6)	下仁田	
38	享保元年(一七一六)　11月20日	越中ひみ(9)	下仁田村	
39	享保2年(一七一七)　12月2日	＊越中樋み中町(2)	下仁田町六兵衛	
40	〃　12月9日	＊越中樋み中町(3)	下仁田上町六兵衛	
41	享保3年(一七一八)　11月10日	越中ひミ村(3)	下方	
42	享保4年(一七一九)　11月17日	越中樋ミ(2)	下仁田筋	
43	〃　11月27日	越中国日美(3)	下仁田村六兵衛	

群馬県甘楽郡下仁田町本宿(群馬県立文書館寄託)「神戸金貴家文書」1446・1447による。

＊印は、鏡磨ぎとは記されていないが、氷見出身者なので鏡磨ぎと見做し掲載した。

ここで、「西牧関所通行改日記」に記録された鏡磨ぎ以外の北陸方面からの通行者について、併せて紹介しておこう。それを示したのが表2であるが、越中富山の反魂丹売り（売薬）の通行が多数に昇る（No.1〜26）。反魂丹売りは、元禄年間には記録がみられず、正徳元年（一七一一）が初見である。行先は、下仁田とその周辺が多数を占めている点は鏡磨ぎと同様であるが、江戸を目的地とする事例は少ない。No.27〜39は、反魂丹売り以外の目的の通行者、および目的が記されていない通行者である。出身地は越中富山、行先は下仁田が多いが、越前出身が二件みられる。

表2　西牧関所通行の反魂丹売り等

No.	年月日	目的	出身地（人数）	行先	口入人
1	正徳元年（一七一一）6月29日ヵ	反魂丹うり	越中富山(4)	江戸伝馬町亀や彦兵衛	
2	〃　7月6日	はんこんたん売	越中戸山(3)	下仁田八郎右衛門	
3	正徳2年（一七一二）5月24日	ばんこんた売	越中戸山(8)	江戸	口入　与次右衛門
4	正徳3年（一七一三）閏5月7日	はんこん丹売	越中国富山(8)	下仁田村六郎右衛門	
5	〃　閏5月9日	はんこん丹売	越中国富山(2)	馬居沢	口入　与次右衛門
6	〃　閏5月29日	はんこん丹売	越中富山袋町(3)	当村（本宿村）宿彦左衛門	
7	正徳4年（一七一四）6月8日	はんこんたん売	越中富山(4)	一ノ宮筋	口入　本宿村与次右衛門
8	〃　6月11日	はんこんたん売	越中富山(2)	宮崎	口入　本宿村太郎兵衛
9	正徳5年（一七一五）7月20日	売薬	越中国富山(3)	下方	口入　与次右衛門
10	〃　7月22日	売薬	越中富山(3)	下方	口入　与次右衛門
11	享保元年（一七一六）7月24日	反魂丹売	越中富山(1)	高崎田町市郎兵衛	口入　本宿村与次右衛門

12	〃	7月25日	はんこんたん売	越中富山(3)	下仁田村定右衛門	口入　本宿村与次右衛門
13	享保2年(一七一七)	6月9日	反魂反売	越中富山(2)	下仁田村八郎右衛門	
14	〃	8月6日	はんこん丹売	越中富山(2)	下仁田村与惣兵衛	口入　本宿村与次右衛門
15	〃	8月6日	はんこん丹売	越中富山(1)	下仁田定右衛門	
16	享保3年(一七一八)	6月20日	売薬	越中登山(2)	下方	
17	〃	8月2日	ばんこん丹売	越中富山(4)	一ノ宮	口入　本宿与次右衛門
18	〃	8月6日	はんこん丹売	越中富山(2)	下仁田筋	口入　本宿村与次右衛門
19	〃	8月18日	売薬	越中富山中町(2)	下仁田	口入　与次右衛門
20	享保4年(一七一九)	7月17日	はんこんたん売	越中国富山(2)	下仁田村平兵衛	
21	〃	7月26日	はんごん丹売	越中国富山(3)	下小坂村甚兵衛	
22	〃	8月4日	はんこんたん売	越中富山(2)	下仁田村儀右衛門	
23	〃	8月7日	反ごん丹売	越中富山(1)	高崎又八	口入　本宿村与次右衛門
24	享保5年(一七二〇)	7月20日	はんこんたん売	越中富山(1)	小坂村又兵衛	口入　本宿村与次右衛門
25	〃	7月23日	ばんこんたん売	越中富山(3)	高崎新町八嶌屋又八	
26	〃	7月29日	はんごんたん売	越中(1)	下仁田上町八郎右衛門	

反魂丹売り以外

27	元禄8年(一六九五)	10月27日	打物売	賀州金沢尾張町(1)	下仁田宇右衛門	
28	〃	12月18日	?	越前(1)	?	
29	元禄9年(一六九六)	7月7日	うるし取さいく	越前赤谷村(2)	?	
30	正徳2年(一七一二)	12月1日	麻買	越中砥山(2)	下仁田	口入　小左衛門

31	正徳3年（一七一三）正月21日	?	越中戸山(2)	下仁田中町伊右衛門	
32	正徳4年（一七一四）2月13日	?	越中砥山(7)	下仁田村宇右衛門	口入　本宿小左衛門
33	〃　8月24日	?	ゑちう砥山村(1)	下仁田村定右衛門	
34	〃　10月□	仏詣	越中富山　医師休保	ちゝふ（秩父）	
35	〃　11月1日	?	越中富山(2)	下仁田村伊右衛門	口入　本宿村小左衛門
36	正徳6年（一七一六）6月8日	?	越中戸山中町(2)	下仁田文平	
37	享保2年（一七一七）12月	?	ゑちんへんび(4)	下仁田村六兵衛	
38	享保3年（一七一八）5月20日	?	越中国富山(1)	下仁田村儀右衛門	口入　団六
39	〃　8月21日	?	越中富山(1)	高崎新町一丁目あ□や一郎右衛門	口入　本宿村与次右衛門

群馬県甘楽郡下仁田町本宿（群馬県立文書館寄託）「神戸金貴家文書」1446・1447による。

なお、下仁田道より南側の脇往還に十石街道があるが、この街道には甘楽郡楢原村白井《しろい》（群馬県多野郡上野村）に白井関所が設置されていた。同関所の享保十六年（一七三一）の「御関所通路大帳」によれば、同年十二月に鏡磨ぎ二人が通行し、同年七月と十月に薬売各一人が通行している（『上野村誌Ⅸ　上野村の古文書』、二〇〇五年、二七五頁）。

二　漆掻き

1　和田村の漆掻き吉三郎

次に、能登から上州にやって来た漆掻きを取り上げよう。まず能登鳳至郡和田村（石川県輪島市門前町）の吉三郎に登場してもらうが、同人は嘉永五年（一八五二）に、和田村から弟子（掻子）次郎作を連れて上州甘楽郡譲原《ゆずりはら》村（群馬県藤岡市）にやって来て、同渡世で懇意の譲原村清七の紹介で同村冨右衛門方の物置を借り、ここを拠点に周辺各地に漆掻き稼ぎに出かけていた。そして、同七年十月二十九日、出先の武州秩父郡石間《いさま》村（埼玉県秩父市）の漆仲買渡世庄次郎と一緒に帰宅した。その夜、庄次郎は吉三郎方に泊まったのであるが、翌朝同人の所持金五〇両が紛失していることが判明し、吉三郎に犯人の嫌疑が掛けられた。この一件の主な登場人物は次のようになる。

吉三郎　能登国鳳至郡和田村百姓三郎兵衛悴（27歳）、和三郎とも、漆掻渡世
次郎作　能登国鳳至郡和田村百姓平右衛門三男（19歳）、吉三郎弟子・掻子
冨右衛門　上州甘楽郡譲原村時宗満福寺前地百姓、漆売買元締
庄次郎　武州秩父郡石間村年寄茂重同居、漆仲買渡世
勇七　上州緑埜郡浄法寺村（群馬県藤岡市）百姓清九郎店、漆仲買渡世
清七　上州甘楽郡譲原村百姓、漆掻渡世

このように、漆掻きをはじめ漆仲買や漆売買元締が登場するが、漆掻きは採取した漆を仲買人に売り、仲買人は漆売買元締に売っていたのであろう。漆掻きから漆売買元締に直接売ることもあったと思われる。庄次郎の所持金紛失一件の詳しい経緯は〔拙稿b〕に拠っていただくとして、この一件は概略次のような経過を辿ることになる。

（嘉永7年＝安政元年）
10月29日　夜、吉三郎方に盗賊が忍び入り、庄次郎の所持金五〇両と次郎作の所持金一両三分二朱余が紛失（以下、「庄次郎所持金紛失一件」とする）。
11月5日　冨右衛門が、「盗賊御届ケ願」のため江戸（代官役所）へ出立。同日夜、吉三郎が欠落。

11月8日　金子紛失の件を、冨右衛門より代官役所へ届け出る。
11月10日　吉三郎の欠落を代官役所に届け出る（このあと、冨右衛門は帰村）。
11月16日　吉三郎が上州緑埜郡浄法寺村に居ることが判明、冨右衛門は同郡鬼石村（群馬県藤岡市）に居た庄次郎と一緒に浄法寺村へ行く。
11月17日　吉三郎を連れ帰り、同人の預り証文を庄次郎へ差し出す。
11月20日　願人冨右衛門・差添人伝右衛門が、江戸（代官役所）へ出立（22日、江戸着）。
11月23日　九つ時、届書を提出。八つ半時、明日出役するので早々帰村するよう命じられる。
11月24日　明六つ、代官手代（秋葉賢次郎）が江戸を出立。同日桶川泊まり、25日本庄泊まり。
11月25日　夜四つ時、伝右衛門・冨右衛門が帰村。
11月26日　手代秋葉賢次郎が譲原村に到着し、吉三郎を召し捕り、同夜吟味が行われる。
11月27日　吉三郎を吟味。吉三郎は容疑を強く否定。確かな証拠もないとして、冨右衛門・庄次郎から吉三郎に対し疑心は晴れた旨の証文が差し出される。一方で、冨右衛門が浄法寺村の漆屋（漆仲買渡世）勇七に貸した金子一五両の返済をめぐり、吉三郎が返済金を横領したという一件（以下、「勇七方一五両一件」とする）についても吟味が行われる。
11月28日　「勇七方一五両一件」について吟味が続けられ、勇七から手代秋葉賢次郎に対し始末書が差し出される。吉三郎は江戸に連行され、吟味中入牢を命じられる。
11月29日　揺子の次郎作が村預けとなる。
12月　吉三郎の処罰の軽減を求める嘆願書が出される。

（安政2年）
3月　石間村庄次郎の同居先同村年寄茂重が召喚される。
4月　掻子の次郎作が召喚される。

このような経過を辿ったのであるが、この一件は「庄次郎所持金紛失一件」と「勇七方一五両一件」の両件が絡んでいたのである。前者は十一月二十七日に、犯人は不明ながら、吉三郎への嫌疑は一応晴れた。一方、後者では吉三郎は、江戸に連行されて吟味を受けることになった。翌年になっても、石間村年寄の茂重や掻子の次郎作が召喚されるなど、吟味が続いている様子が窺えるが、最終的な結末は不明である。

さて、吉三郎は浄法寺村から連れ戻された際、および江戸に連行される際に所持金品の取り調べを受けているが、その時に書き上げられた所持品を表3に示した。A・B合わせて全所持品と思われるが、往来手形は能登との往復に欠かせず、漆取道具を所持しているのは当然として、帳面一〇冊などは漆の取引を記録するためであろうか。仕事や生活の用具はもちろん、草双紙もみられる。衣類も豊富で、羽織なども所持しており、十一月二十三日に冨右衛門等から代官役所に提出された届書（群馬県立文書館寄託・群馬県藤岡市譲原「山田松雄家文書」1697―14）で、「吉三郎身分ハ一同当村江連戻し、立会之上同人荷物相改候処、衣類其外共弐拾壱品ニ而、往来手形等も有之、尤、衣類之分ハ孰れも新仕立之品ニ而、素々同人義賤業与申、其日暮之者ニ御座候処、右躰衣類等多く所持いたし居候段甚（カ）以難心得、其余懐中ハ不相改候得共、定而金子も所持罷在候様子」といわれているように、〝貧しい出稼ぎ人〟というイメージからは遠い、それなりの財産を所持している姿が浮かび上がってくる。すべてを能登から持って来たわけではなく、「衣類之分ハ孰れも新仕立之品」とあるように、上州に滞在しているうちに増えたものもあったろう。

ところで、吉三郎は江戸で吟味中入牢を命じられるが、牢内から差し出したという書状が残されている。〔拙稿b〕

表 3　吉三郎所持品一覧

A　出奔先から連れ戻された時		B　江戸へ連行された時	
品　名	数量	品　名	数量
木綿藍格子縞袷	1つ	帷子	1つ
木綿糸入紺茶竪縞羽織	1つ	さらし白	1反計
木綿紺茶竪縞羽織	1つ	木綿古着浦物	1つ
木綿棒縞風合羽	1つ	木綿縞風呂敷	1つ
木綿紺股引	1足	木綿三尺	2筋
同脚半(絆)	2足	手拭	2筋
木綿小納戸半股引	1足	木綿次々之袷	1つ
木綿小切四尺程	6切	木綿古単物	2つ
同紺足倂	2足	古腹掛	1つ
綿頭巾	1つ	小倉帯	1筋
木綿鉄色三尺帯	1筋	紺前掛	1つ
真田紐	1筋	縞切レ　少々宛	5品
木綿紺小納戸三布風呂敷	3つ	あせ取	1つ
更紗小風呂敷	1つ	木綿古じゆばん(襦袢)	1つ
木綿小倉帯	1筋	古褌	2筋
真鍮矢立	1本	はりかわご(張皮籠)入諸書物	
皮巾着	1つ	雨合羽　但し二重	1つ
印形	1つ	すけ笠	1つ
紙提たは粉入	1つ	御納戸風呂敷	1つ
真鍮きせる	1本	弁当箱　但し黒ぬりニて袋入	1つ
木綿財布	1つ	漆取道具	一通り
縞ちりめん同断	1つ	膳椀　極古物	2人前
木綿胴巻	1つ	土びん	1つ
帳面	10冊	水桶	1つ
草艸紙	2冊	守袋　但し銭四文入	1つ
往来手形	1通	味噌樽　但し味噌五百目計入	1つ
		木綿単物	1つ
		木綿袷　但し紺縞	1つ
		羽織　縦縞	1つ
		紺小倉帯	1筋
		御納戸半股引	1つ
		紺きやはん(脚絆)	1つ
		紺足袋	1足
		鉄御納戸三尺	1つ
		鉄綿ほうし(帽子)	1つ
		手拭	1筋

Aは群馬県藤岡市譲原(群馬県立文書館寄託)「山田松雄家文書」1697-16、Bは同家文書1697-29～31による。

では部分的な引用に止まったので、ここに全文を紹介しておこう（「山田松雄家文書」1697―22）。

ⓐ以書御頼申上候、然ル処、私ふと御召取ニ相成入牢被仰、誠ニ牢内御案内通り夜ふ［　］寒ニ而難渋至(極脱カ)存候間、国元ゟ万衛殿御預り金子弐両程、ゼし(是非カ)々此支(使カ)者ニ御送り遣し被下候、此金子無御座候而者、中々牢内者一夜もひのぎかたシ、差添人陣三郎様・あに徳衛様御両人、卒偏ニ御頼申あけ候、早々以上、

ⓑ扨又、以書面私身分細才(マヽ)申越候、私国元ゟ一昨年四月二十四日出立仕、上刕甘楽郡譲原村百姓清七方江尋参りセ話ニ相成候処、二ケ月程清七方ニ世渡シ居候所、同所冨右衛門参り私江相談相懸ケ、うるシ売買本〆いたし候ニ付、私引取冨右衛門方ニ而世渡シし、昨年十二月頃、冨右衛門娘なれ与私と恋ジ風節(風説)有之由、其村若衆立(達カ)風分(聞カ)致し候ニ付、其節冨右衛門ゟ隣家光五郎方江参り、此者頼其村若衆ニ弘めの酒代金壱両差出し、其時のセ話人光五郎殿、親冨右衛門実ニ相頼、其後私なれと者父婦(夫婦カ)のつもりニ而、都合二ケ年ハ無給金ニはたらき居り、只今御代官様江不実始末御願立、誠ニ残念至極存候、尤、金子之六両始末、勇七方江私口入受人ニ而借用いたさセ置候得共、右金子私勇七方ゟ当五月中ゟ十月迄ニ両三度程受取、尤、此金子者所々江うるシ手附ニ相渡置、尤、御召取ニ相成候節ニ、私所持致し居り金子四両弐歩(分)仁朱ト銭八百拾四文有之候趣、冨右衛門江申候得共、御代官様江御願申立候ニ而、金子受取相暮(呉カ)不申候、無據御召取相成、又私其節外江借家いたし、冨右衛門申付無餘冨右衛門申立候通り、場所御役人様口書つま印相成候趣、牢内仲役人衆此物語申候得者、此由差添人様幷ニ徳衛様・光五郎様・宿伊勢や伝衛様偏ニ御頼、此度命恋(乞カ)程御難(歎カ)願趣卒御頼申あけ度、右前書始末御心得御正知(承知)被下、宜敷取計偏ニ御頼申あけ候、早々以上、

ⓒ又々以書面申越候、私残金始末三拾両程ニ冨右衛門申立候得共、此金子者私帳面引合候得者不残相わかり、若御役所ニ而御尋御座候得者、急度私ゟ申立候つもり、右前書始末御呼シ(出脱カ)之節、不残右之始末ニ申立、何分其の御心

得ニ而御難（歎カ）願程、皆々様宜敷御頼申あけ候、又、光五郎様若出張被下候得共、宜敷御頼被下候、早々以上、
此返事、ぜし々是者ニ急度御遣し被下候、

十二月六日　　　　本所ニ而 吉　三　郎

神田小柳町宿 伊　勢　や　伝　衛様
差添人 陣　三　郎様
光　五　郎様
徳　兵　衛様

たどたどしい文字で書かれており、当て字や誤字と思われる箇所、文意の通じにくい部分もあるが、ⓐでは牢内での難渋を訴えて金子の送付を依頼している。また、吉三郎は冨右衛門から時々に借金をして、それが四〇両に及んでいたといわれ、ⓒで「残金」三〇両程とあるのは未返済金のことであろうか。そして、ⓑによれば吉三郎は、一昨年（嘉永五年）四月二十四日に国元を出立し、清七方の世話になっていたが、冨右衛門から相談があり、同人方の世話になることになった。昨年十二月頃、冨右衛門娘「なれ」と恋仲になっていると村の若衆の噂になり、冨右衛門隣家の光五郎を頼んで若衆に披露目の酒代金一両を差し出した。その後、吉三郎と「なれ」は「父婦（夫婦カ）のつもり」となったが、「なれ」が二か年無給金で働いたことを「不実始末」と訴えられ、残念至極に思っているとあり、「なれ」の給金をめぐって冨右衛門とトラブルが生じていたことが窺える。また、勇七から受け取り横領したとされる六両については、漆（木）買入れのための手付金に使ったとも述べている。

2　広岡村の漆掻き弥三左衛門

吉三郎と同じ時期に、上州で漆掻稼ぎに携わっていた能登の漆掻きがもう一人いた。鳳至郡広岡村（石川県輪島市門前町）の「漆屋」弥三左衛門である。この弥三左衛門に関しては既に〔拙稿ａ〕で触れたが、嘉永五年（一八五二）十一月、掻子清蔵・宇太郎とともに、上州緑野郡三波川《さんばがわ》村（群馬県藤岡市）の名主与一郎に宛てて、概略次のような内容の証文（群馬県立文書館寄託・群馬県藤岡市三波川「飯塚馨家文書」7691）を差し出している（主語は、特に記さない限り弥三左衛門）。

＊嘉永四年三月、八幡山町（武州児玉郡八幡山町か）の政吉を引請として、（三波川村の漆山）にやって来た。

＊中屋谷村の「仲間」で永源寺村（上州緑野郡浄法寺村のうち）の喜三郎の弟勇七が引き請けて金主になって、不足の分は政吉が（引き請ける）ことを、同年十一月月二十八日に頼み、国許（能登）に帰った。

＊嘉永五年三月中に、当地へやって来て勇七方へ赴いたが、勇七が金子を融通せず漆掻きに支障が出た。そこで、政吉に相談して木元代として金一〇両を、漆が出来次第質物とすることを条件に、金蔵より借用した。

＊同年五月六日より、掻子両人を雇い掻きはじめるが、金蔵から金子が来ないので、飯料などに支障が出た。勇七も（漆を買いに）来ない。

＊同年七月十三日になって勇七がやって来て、漆八貫目入二樽を二四両の値段で同人に売り渡すことになった。その際、（一〇両を金蔵に）支払ってくれるよう話し、勇七は承知して帰るが実行しなかった。

＊同年八月十五日、九郎左衛門を仲介に、与一郎に頼んで金五両を（金蔵方へ）持参し、残り五両は二十五日までに用意することとした。

＊同年十月になり、与一郎より、出来漆で受け取っても金子にても（一〇両を）返済するよう催促された。

＊漆大小二樽のうち質入した分は、世話人が立ち入り片付いたが、その外米代・諸式が片付かず当惑している。

＊三波川村と柏木村（上州甘楽郡）に来年の漆木の確保をしたので、国元へ例年の通り立ち帰る。来年も山渡世をするので、差引残金の分は（来年）三月中旬まで延期のことを、勇七方へ赴いて申し入れ歎願するつもりである。
＊漆大小二樽のうち金主の留置き分はそのままとし、米代その外差支え分については世話人中より歎願しておいたので、（来年）三月までの間、（与一郎が）質入しても売り渡しても異存はない。

このように、弥三左衛門は三波川村辺りで漆掻き稼ぎに携わっていたが、木元代や掻子の給金・飯料等の資金調達をめぐって勇七や金蔵との間でトラブルとなり、三波川村の名主与一郎に用立ててもらうなどしたらしい。勇七は、吉三郎一件でも登場した浄法寺村の漆仲買人である。トラブルの内容にはわかりにくい部分があるが、ここではこの一件から窺える漆掻き稼ぎのあり方を押さえておこう。すなわち、弥三左衛門は「三月中（中略）罷越」、「十一月二十三日（中略）例年之通国元へ罷帰り、当三月中罷下り」とあり、右の証文もこの年に帰国する時期の十一月に作成されているように、三月中に上州にやって来て、十一月頃に能登に帰るというサイクルであったことが知られる。借金返済の件は解決したわけではないが、帰国の時期になったので右のような証文を認めて帰国したのであろう。また、「漆木□取いたし、例年之通国元へ罷帰り」、「来年漆山手当いたし候間、□□国元江例年之通立帰り、（中略）来年山渡世仕度候間」というように、帰国の前に来年の漆木を確保（購入）していたようである。さらに、文中から漆掻き「仲間」の存在が窺え、出稼ぎによる漆掻稼ぎが恒常的・組織的であったことを示唆している。

以上、上州に出稼ぎにやって来た二人の能登の漆掻きを紹介した。弥三左衛門の動向から、漆掻きは三月中にやって来て十一月頃に帰国するというサイクルになっていたといえる。吉三郎の場合は、少なくとも二年間は帰国していないと思われるが、それは冨右衛門の娘「なれ」と「父婦《（夫婦カ）》のつもり」になったことが関係していたのであろうか。また、吉三郎の場合には弟子の掻子を連れてきているが、弥三左衛門は滞在地で掻子を雇用しており、掻子の確保に両様あったといえる。吉三郎の活動範囲は秩父郡にも及んでいたと思われるが、弥三左衛門の場合も、嘉永四年(一八五一)には武州児玉郡八幡山町(埼玉県本庄市)の政吉を保証人としており、上州・武州に跨る活動が窺える。

両件とも金銭トラブルが表面化して史料が残されたが、このことから逆に、日常的・継続的な漆掻稼ぎの展開が推測できる。和田村と広岡村は近隣に位置することから、この地域の漆掻き稼ぎ先として譲原村や三波川村とその周辺の上州から武州にわたる地域が定められていたのかも知れない。

ところで、前述の「西牧関所通行改日記」には、元禄九年(一六九六)の通行者として、

七月七日
一越前赤谷村仁右衛門・又十郎と申者、うるし取さいくに参候、

とあって(表2No.29)、行先は記されていないが、越前からの「うるし取さいく」を目的とした通行が記録されている。都丸十九一『日本の民俗10 群馬』(第一法規、一九七二年)には、「うるしかきは越前から来た」との記述があるが(七〇頁)、それは元禄年間まで遡ることが右の事例から指摘できる。能登のみならず越前からも漆掻きにやって来ていたのである。なお、吉三郎や弥三左衛門が、どの関所を通ったのかは詳らかではない。

研究報告

上州七日市藩主前田利孝の再検討

鎌田康平

はじめに

本稿では、上州（上野国）七日市《なのかいち》藩の初代、前田利孝について考察する。

『群馬県史』（1）や『富岡市史』（2）などにおける利孝は、文禄三年（一五九四）に加賀金沢で誕生し、慶長九年（一六〇四）に江戸の芳春院に養育され、大坂の陣の戦功によって、元和二年（一六一六）に上州七日市で立藩したと説明する程度である。しかし、利孝について注目すべきは、二代将軍秀忠の小姓として仕え、幕府寄りで旗本的性格を持って成長したことである。また、七日市藩の歴代藩主は駿府城・大坂城の加番役を勤め、譜代が多い上州において、廃藩置県に至るまで改易されることなく、家を存続させた。この七日市前田家は、従来の「外様」の範疇に入らない存在である。今回は、初代利孝の来歴を中心に、七日市藩の立場、及び近世初期・前期の加賀藩との関係を再検討したい。

本稿は、「大和守利孝君家系」（3）などの記録類引用が中心ではあるが、利孝や七日市藩の立場を研究する上で、関係史料として重要であり、今後の研究における布石を目的とするものである。

一　利孝の来歴

利孝の出自について、「大和守利孝君家系」などでは、文禄三年（一五九四）に加賀藩初代利家の五男として金沢で誕生し、母は山本若狭守の娘である幸和（明運院）としている。利孝が誕生した頃には、既に兄は四人おり、後継は利長に定まっていた。その後、嫡男のいない利長が、浅野長政や蒲生秀行など諸大名と後継の相談をしたとする内容が「三壺聞書」(4)に記されている。その中で、三男知好について「少短慮もの」、四男利常について「色黒ク眼大キに骨ふと成せかれ」、五男利孝について「公家のやう成色白ク物やハらか成男」との人物評価がされている。結果は利常が後継と定まり、宗家を継ぐ可能性の低くなった兄弟は、分家の位置付けとなったのである（図参照）。

利孝誕生以降の中央政権は、慶長三年（一五九八）の豊臣秀吉の死によって、徳川家に接近した大名の存在があり、利長母の芳春院や豊前中津の細川忠興三男の光千代（忠利）などが、江戸へ人質として向かっている。前田家は、関ヶ原合戦において徳川家麾下へ入った背景から、同六年に、利長嫡男となった猿千代（利常）と徳川秀忠の娘の子々姫（珠姫）が婚姻し、前田・徳川家の婚姻関係が構築された。芳春院の江戸抑留の代償として、珠姫を金沢に迎え入れた形ともいえる。

後継者の選定は御家の懸念事項であり、徳川家の事例を研究した笠谷和比古氏は、豊臣秀次事件での豊臣政権自滅を痛感した徳川家康が、嫡長子の単独相続を不動の原則とし、恣意的な家督継承による内紛発生を防止したと述べている。(5)また、矢部健太郎氏は、成人した豊臣秀頼に関白職を世襲させることが、秀吉の目的だったとして、関白秀次の自害は秀吉の思惑に反する想定外の事態であり、豊臣政権への反逆行為によって、豊臣家のアイデンティティは大

図　加賀藩・七日市前田家及び徳川家系図

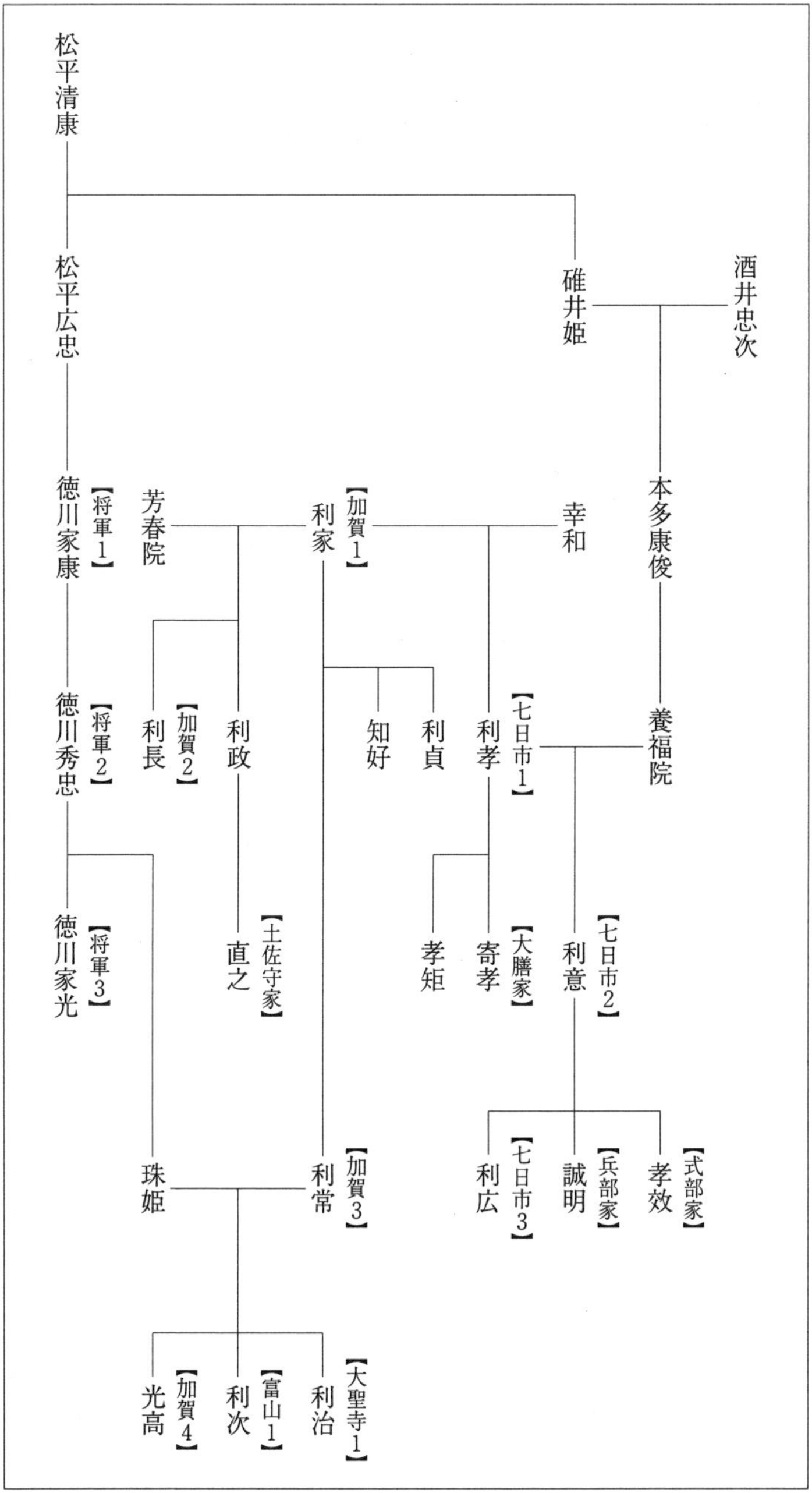

きなダメージを受けたと述べている。[6] 一方の家康は、秀次事件を機に一層、嫡男秀忠の定着化を進めていった。こうした家康の考えは、利長にも影響を与えている。後継利常以外の兄弟への差配は、利長と芳春院の意向が働いていたと考えられ、家督争いの火種を事前に摘み、功を奏したといえる。利孝は、慶長九年に江戸へ向かい、芳春院に養育され、『群馬県史』などでは、「人質」として表記されている。利孝下向前後の同年春に、利常の家督相続を幕府に申し出たとされ、[7] 翌年六月に利長の隠居と利常の相続が認められた。

江戸の芳春院に養育されることとなった利孝は、下向の年に家康・秀忠に初御目見を果たした。庶子の御目見について、野口朋隆氏は、本家当主にとって、嫡子の万一に備え、将軍や幕閣に家督相続者の存在を認知してもらう意味があったと述べている。[8] 芳春院に養育された点は、利孝の将来性を期待していたことを裏付けるものであろう。慶長十八年に利孝は、従五位下大和守に任官されており、これ以前に、秀忠の小姓になったとみられる。翌年に利長が隠居地の高岡城で没すると、芳春院は金沢への帰国を許されるが、以降も利孝は江戸に残留し、将軍と共に行動することとなる。小姓としての利孝の行動は不明であるも、江戸在府中に秀忠小姓や任官の経歴が、利孝「人質」の従来の観点では、可能な出世だったのだろうか。むしろ、利孝が将軍の家臣として身を立てられるよう配慮した利長の意図であり、「人質」ではなく、一族の政治的利用である。小姓へ登用された利孝は、秀忠と主従関係を結ぶことで、幕府寄りで行動する道筋ができ、任官によって正式な「旗本」化したとみるべきである。

江戸開府以降、大名が江戸に子息を送った行為は、御家の将来性を鑑みるに、プラスに働いていたといえ、大名国許に影響を及ぼした。ここで、山形の最上義光の事例を挙げると、嫡男家親は、利孝と同じく秀忠小姓の経歴を評価され、役儀減免を許可された内容がみられる。[9]

〔史料1〕「最上家譜」

所労験気之由、弥養生尤候、然者、駿河守（最上家親）令在江戸之條、年来役儀三ヶ一免除候間、可得其意候、猶本多佐渡守（正信）
可申候也
（慶長十八年）十二月十七日　秀忠御判
最上出羽守（義光）とのへ

義光次男の家親は、秀吉存命段階で江戸に送られ、秀忠小姓となっており、早い時期での徳川家への接近策だった。家親は関ヶ原合戦で、真田昌幸の信州上田城を攻める秀忠軍に属し、義光病床の慶長十八年に家親の在江戸勤仕の評価によって、幕府から役儀三分の一免除を許可された。翌年の義光死後に、秀忠の小姓だった家親が家督相続となり、役儀減免をもたらしたのである。

公儀普請などに適用された役儀減免とは、「嫡男」または「嫡男と生母」が江戸居住する場合を一条件として、幕府が「半役（軍役の一部免除）」を許可することである。公儀普請の負担高に影響したことや、幕府が妻子の在江戸を推奨していることからも、武家諸法度内の参勤交代制度の原点といえる。しかし、制度化以前は幕府からの強制は無く、逆に加賀藩のように、利常が正室の珠姫と嫡男の犬千代（光高）を国許に残し、減免の無い「本役」で役儀に勤めた事例もみられる。妻子を江戸居住させた大名と、「本役」で役儀を遂行した大名との、幕府への忠節の度合いを計ることは困難であるが、「本役」が初期の加賀藩の意志・方針であった[10]。

将軍の小姓を勤めた者は、将来的に宗家を継承したり、別所領を与えられたりしている。庶子として秀忠小姓を経た後に、宗家を継承した事例を挙げる。土方雄重（雄久次男）は、慶長十三年に父の遺領である下総田子並びに能登土方領一万五〇〇〇石を継いだ。浅野長晟（長政次男）は、備中足守二万五〇〇〇石を拝領したが、兄の幸長が嫡男の無いまま同十八年に没したため、紀伊和歌山の遺領を引き継いでおり、野口氏の論ずる「嫡子に万一の際、庶子を家督相続者として存在認知」が作用した形であった。また、浅野長重（長政三男）は関ヶ原合戦による父の戦功によって、同六年に下野真岡二万石を拝領したという、利孝と同じく別所領を拝領した事例である。

庶子が将軍小姓となり、後に大名にまで成長した事例は少ないながらも、将軍小姓の出自は、従来の譜代・外様という範疇に入らないものだったことが窺われる。また、最上家での場合は、嫡男が在江戸で秀忠の小姓を経験していた故の役儀減免であったが、利孝の在江戸経験は宗家への直接的な見返りがあったというよりは、その後の大名への立身という、利孝自身に効果を及ぼしたといえる。

二　上州七日市藩の創設と初代利孝

小姓として秀忠に仕えていた利孝は、慶長十九年（一六一四）からの大坂の陣において幕府方に加わり、その際に、「神君（徳川家康）ゟ俸禄千口、微妙公（前田利常）ゟ二千口、都合三千口ノ軍糧」[11]として、幕府・加賀前田家から扶持米を与えられたとみられる。

冬の陣で、秀忠勢は大坂城東南方面の岡山口に着陣し、利孝は江戸出発時から秀忠勢と行動していたことが「台徳院殿御実紀」[12]で確認でき、本多正信・酒井忠世などの幕閣や細川忠利などと共に「御本陣近く」に備えた。利常を中心とする加賀勢は、秀忠勢の前方に布陣し、真田丸の真田信繁勢と衝突した形となるが、秀忠勢が戦闘に及ぶことは無かった。翌年の夏の陣でも同様に、秀忠勢・加賀勢は岡山口に着陣し、秀忠勢の様相にも大きな変化は無い[13]。

大坂の陣の幕府方東国衆の所属について論じた小宮山敏和氏は、本多正信・本多忠純・立花宗茂・前田利孝などの所属を「旗本組」としている。一万石以下を指す従来の「旗本」とは異なり、秀忠本陣への攻撃に備える役目を担った大名・領主を意味するものとしている。[14] なお、小宮山氏の表記で利孝は、立花宗茂・日根野吉明などと共に「外様」の分類である。

大坂の陣後の元和二年（一六一六）十二月、利孝は上州甘楽郡内に一万石を拝領し、七日市村に陣屋を設置した。「大和守利孝君家系」などでは、「大坂の陣の戦功」によって拝領したと記している。秀忠勢は、夏の陣に大坂方の大野治房勢との戦闘に及んでいる。その際に利孝は、敵の首五つを挙げたことが確認でき、[15] これが利孝の最初で最後の戦功である。陣後処理で、当初から万石持ちの大名が加増転封された事例は多くみられるが、利孝のように旗本から立藩した事例は確認できず、極めて稀な破格の出世だったと考えられる。

元和二年四月に大御所家康が死去し、大御所・将軍の二元政治の中止によって、将軍秀忠の単独政権が誕生し、大坂の陣後の諸大名統制の最中での七日市藩誕生となった。秀忠政権の成立直後の改易は、石見津和野の坂崎直盛や越後高田の松平忠輝などで、特に忠輝は秀忠の弟であり、一族でも容赦しない秀忠と諸大名間との緊張状態の時期でもある。そうした中、なぜ、関東での七日市拝領だったのだろうか。利孝の宗家相続の可能性は低く、逆に小姓として秀忠の影響を身近で受けた上、大坂の陣の戦功による出世となった。また、利孝の入封以前に七日市周辺を治めていたのが水野忠清であり、慶長六年から同二十年の間に上州小幡を拠点としている。正室は利家の娘とされ、利孝にとって義理の兄弟である。忠清は大坂の陣の戦功によって、三河刈谷に加増転封となり、代わりに小幡及び七日市地域に入封したのが利孝である。利孝が、秀忠娘婿の利常の弟であることに加え、忠清の血縁者として、その地で立藩させた幕府の意図が働いていたように考えられる。七日市藩の成立や治政などを紹介した山前圭佑氏は、江戸で養育していた芳春院の働きかけの可能性を示唆している。[16]

寛永十六年（一六三九）、加賀藩三代利常が隠居して、利常嫡男の光高が家督を継ぎ、次男の利次が越中富山を、三男の利治が加賀大聖寺を宗家所領の分知によって創設した。富山前田家・大聖寺前田家は、加賀藩側の記録類では「分家」と記されていることに対し、新知を幕府から拝領された七日市前田家は「庶家」とされており、この「分家」と「庶家」の概念は、今後精査する必要がある。分家の概念について、野口朋隆氏は、加賀藩と新知拝領分家である七日市藩の関係は、互いに遠国のため、本家から「独立」したと従来考えられていたことに対して、幕末まで続いた加賀藩からの財政援助の存在から、本分家の枠組みのもと、「同族」としての結合関係を喪失すること無く、維持し続けていたとし、宗家から「自立」したとはいえない状況だったことも、経済援助の余力があった加賀藩だからこそ成り得たと述べている(17)。

また、三家の家格に注目すると、利次は寛永八年に従四位下侍従兼淡路守へ、利治は同十一年に従四位下侍従兼飛驒守へ叙位(後に正四位下)しており、利孝より家格が上である。以降も富山・大聖寺藩主は、ほとんどが従四位下であることに対し、七日市藩は従五位下に留まった。これには、利次・利治兄弟の母が珠姫であり、家光の甥として、松平姓を賜ったことが作用しているのだろう。富山・大聖寺藩と七日市藩との家格に差は生じているが、宗家所領の分割では無く、自ら所領を拝領し、七日市藩を成立した利孝の来歴を評価すべきと考えたい。

立藩後の利孝は加賀前田家とは別して、関東の大名となるが、初期の七日市藩政の史料は乏しく、「徳川実紀」などに記載がみられるのみである。

元和九年に将軍秀忠と嫡男家光が上洛した際、関東の譜代や旗本が家光に供奉する行列に、利孝が含まれている(18)。秀忠と家光の上洛で、同年七月に秀忠は将軍と右大臣の職を辞任し、家光が正二位内大臣に任官されると共に将軍宣下を受けた。これによって、大御所秀忠と将軍家光が、かつての二元政治体制を踏襲したことで、諸大名は新将軍のもとでの対応に苦慮したのだった。

寛永三年の後水尾天皇の二条城行幸には、秀忠・家光が再び上洛することとなり、利孝は家光の将軍宣下の時と同様に、江戸から家光に供奉しており、幕閣の酒井忠世の列に属した。外様分家で関東に所領を持つ常陸笠間の浅野長重・常陸谷田部の細川興昌（忠興の甥）や、幕閣分家として下野榎本の本多忠純（正信三男）なども同列である。[19] 利常も上洛し、諸大名と共に二条城の警衛を担った。この間に秀忠は従一位太政大臣、家光は従一位左大臣、利常は仙台の伊達政宗・薩摩の島津家久と共に、従三位権中納言に任官された。

「大和守利孝君家系」には、寛永六年に大御所秀忠と将軍家光が加賀藩の「神田之舘」を訪れ、利孝も拝謁したと記している。それより前に、利常は筑前守の受領名から肥前守とし、嫡男光高は従四位下左近衛権少将兼筑前守を任官しており、御礼として将軍家を江戸屋敷に招いたのだろう。「神田之舘」とは当時、加賀藩江戸下屋敷だった本郷邸のことである。この時の記録が「将軍様相国様御成之次第」にも記され、利常・光高・千勝（後の利次）・宮松（後の利治）には脇差や銀子が、本多政重・横山長知などの重臣にも銀子や時服が与えられたと記している。[20] しかし、「大和守利孝君家系」にみられる「幕府家光公、渡御于宗家神田之舘、利孝拝謁」を裏付ける内容の記述は無い。おそらく、幕府側に近い位置であったことから、加賀藩と共に将軍家を迎えたのではなく、家光に供奉して加賀藩に招かれた可能性は無いのだろうか。一方、「将軍様相国様御成之次第」に見られる家光に供奉した人物は、徳川忠長（家光弟）・藤堂高虎・立花宗茂の記載だけであり、利孝の立場については今後の課題としたい。

また、寛永八年に紅葉山（江戸城西の丸側）に建つ家康廟を参詣した大御所秀忠に、利孝と利常が供奉したことも確認できる。同十三年には江戸城普請が行われ、利孝は外堀の掘削工事に参加した。[21] 公儀普請の中でも大規模事業の類といえる。普請発令時期は大半が半年前であるのに対し、同十一年九月に早々と将軍家光が発令しているからである。動員された諸大名も約一二〇家に及ぶとされ、外郭石垣の修築と堀・土手の拡張が行われた。牛込・市ヶ谷・赤坂な

表　上州大名の変遷

		家康入部時	関ヶ原合戦後	大坂の陣後
利根郡	沼田	真田信幸	真田信之	真田信吉
群馬郡	白井	本多康重	松平康長	西尾忠永
	箕輪	井伊直政	—	—
	高崎	—	酒井家次	松平康長
	厩橋	平岩親吉	酒井重忠	酒井重忠
	総社	—	秋元長朝	—
碓氷郡	板鼻	—	里見義高	—
	安中	—	—	井伊直勝
甘楽郡	宮崎	奥平信昌	—	—
	小幡	—	水野忠清	永井直勝
	七日市	—	—	前田利孝
多胡郡	吉井	菅沼定利	—	—
緑野郡	藤岡	依田康勝	—	—
勢多郡	大胡	牧野康成	牧野康成	—
那波郡	那波	松平家乗	酒井忠世	—
佐位郡	伊勢崎	—	稲垣長茂	酒井忠世
邑楽郡	館林	榊原康政	榊原康政	榊原忠次

※山田武麿編『上州の諸藩（上）』（上毛新聞社、1981年）。山田武麿編『上州の諸藩（下）』（上毛新聞社、1982年）。富岡市史編さん委員会『富岡市史』近世通史編・宗教編（富岡市、1991年）を参考に作成。

どでの外郭修築には、北国から九州に至る西国大名を六組に分け、幕府は、加賀藩の前田利常・越前藩の松平忠昌などを組頭大名に任命した。一方の堀の拡張には、関東から奥羽に至る東国大名が七組に分けられており、仙台藩の伊達政宗・越後高田藩の松平光長などが組頭大名となった。堀普請の範囲は、江戸城西側の市ヶ谷から伊賀町区画（現在の新宿区）で、利孝は、陸奥白河藩の丹羽長重や上州安中藩の井伊直之などの東北・関東大名一〇家で構成された出羽庄内藩の酒井忠勝の組に属した。石垣修築を行った加賀藩は、筋違橋（現在の千代田区外神田）升形を担当した。

この江戸城普請の翌年に利孝は四十四歳で没した。七日市藩の江戸藩邸で亡くなったため、江戸駒込の吉祥寺が菩提寺である。七日市藩成立以降の利孝の動向についてみてきたが、秀忠の小姓を勤めたにもかかわらず、家光の将軍宣下のための上洛にはその行列に供奉しており、以降も大半は家光に同行し、秀忠から家光への代替わりに準じていることが窺える。

ここで、七日市藩成立以前の上州大名の様相についてみる。天正十八年（一五九〇）の小田原合戦後に家康の関東入部となるが、家康重臣もまた江戸周辺に配置され、旗本は江戸から一〇里から二〇里範囲の武蔵国、酒井・井伊・本多家などの大身重臣は江戸から二〇里以上離れた上野・相模・上総国などに配置され、同心円状で要所を抑えると共に、大身重臣は外圧から守衛する構造であった。家康重臣の関東配置について川田貞夫氏・福島正義氏は、秀吉が井伊直政の上州箕輪の入封を提案し、家康を説得した事例を挙げており[22]、両氏は秀吉が家康重臣の「関東転封の知行割にまで干渉していたことが確認できる」としている。また、川田氏は、北条氏征伐の落着はあったものの、軍事行動が起きかねない奥州に対する関東の臨戦的安定や家康重臣に至るまでの秀吉の掌握があったとし、家康自身が有力家臣を自在に配置した従来の点は至当ではないとも述べている。

家康の関東入部後の上州では、井伊直政（箕輪）・榊原康政（館林）などの徳川重臣が配置された中、徳川家傘下に属さないのは、小田原合戦の戦後処理によって沼田の領有を確実にした真田信幸（信之）だけだった。関ヶ原合戦後の様相は、水野忠清（小幡）・稲垣長茂（伊勢崎）などの譜代の創設・移封が行われた。大坂の陣後、いわゆる七日市藩成立時期は、井伊直勝（安中）の創設がみうけられるが、比較的大きな変化は生じなかった（表参照）。関東での同心円状配置を維持し続けた幕府が、秀吉の配置案を継承しつつ、上州大名は頻繁に国替となった。遂には沼田真田家も天和元年（一六八一）に改易処分となるが、七日市前田家は廃藩置県まで国替を経験しなかった唯一の上州大名である。譜代色の濃い上州で、大坂の陣後に拝領して存続し続けた七日市藩は、出自は外様であったとしても、利孝のこれまでの経歴から、従来の外様の概念を逸脱した譜代色も持った特異な存在だったといえよう。

三　七日市藩と加賀藩の関係

前節までは、七日市藩初代利孝の来歴についてふれてきた。加賀の宗家とは遠く離れた関東の地ではあるが、先述の野口氏論のように、七日市藩は加賀藩から「自立」していたというよりも、結合関係を保っていたといえる。それは加賀藩と七日市藩の関係に限ったことではない。五奉行の一人であった浅野長政の子長晟の事例をみてみよう。利孝と同様に秀忠小姓だった長晟は、慶長十五年（一六一〇）に備中足守二万四〇〇〇石を拝領するが、その内一万四〇〇〇石分は家臣の召し抱えに宛てることなど、隠居の身である父の長政が指示を出していた。このことから、宗家とは別所領を拝領しても、宗家の意向は強く働いたと同氏は述べている。

加賀藩から七日市藩への財政援助の史料は、領内不作などが頻発する藩政中期以降の内容が『富岡市史』(23)などに記載されているが、立藩から藩政初期の宗家からの援助や関係性については、宗家の血を引く利孝の存在があったにもかかわらず、これまであまり言及されることはなかった。ここでは、初代利孝時期での加賀藩との関係を見ていきたい。

元和元年（一六一五）に加賀藩三代利常が、甥の前田直之を将軍秀忠の小姓とし、江戸に下向させようと画策している。直之の父は利政（利家次男）であり、関ヶ原合戦で兄の利長が南下する際に、能登に留まったことを咎められ、戦後の改易によって隠棲した京都で生まれたのが直之である。直之は、慶長十一年に江戸の芳春院の下で養育された。利孝の秀忠小姓への登用時期は不明であるが、利孝とも生活していた可能性もある。直之は芳春院の斡旋によって、将軍秀忠にたびたび拝謁したとされており、利孝と同様に、人質身分ではなかったといえる。芳春院を母とする男子は利長・利政兄弟だけであり、利長実子の満姫も早世し、直之は芳春院唯一の男孫であった。同十四年頃に高岡の利長の下で養育され、このことも芳春院に将来性を見込まれた故であった。同十九年の利長死後、直之が金沢へ移った翌年に、利常が直之の江戸下向案を打ち出した。

元和元年九月二十八日に重臣の本多政重が、父である幕閣の本多正信に宛てたとする内容が「本多家古文書等」に記載されており、それには以下のようにある。「ちくぜん（前田利常）申され候ハ、前田まこ四郎（利政）子ひごと（前田直之）申、とうねん十三・四ニまかりなり候、一だんりさいなる子にて御ざ候、しやうくん（徳川秀忠）様御こしやうニ、前田やまと（利孝）なミニめしつかハれ候やうニ、しん上申たき由ニ御さ候事」[24]としている。

直之の処遇について見瀬和雄氏は、芳春院と利政の存在を気遣う家臣の存在や、芳春院と寿福院（利常実母）の不仲が影響し、直之の宗家相続の可能性が浮上し始めていたと述べている[25]。直之自身は、宗家より知行二〇〇〇石で召し抱えられている状況であったが、こうした要素が重なり、御家騒動に発展する危険性が生じたための画策だった。更には「ちくぜんすこしもぞんぜざるやうにニ被成」形にして、秀忠が直之を小姓にと所望していることにしてほしいという相談となった。芳春院からの反発を避けつつ、未だ後継のいない利常の焦燥から転じた出来事であろう。

この史料について着目すべきは、利孝の名が文中にみえることである。利孝が江戸に行った際には、芳春院に養育された後に小姓に登用されたという、将軍に近い位置として加賀藩から存在を重要視されていた可能性もいえるのだが、直之の場合は江戸へ遠ざけようとする利常の意志が働いており、将軍の御傍近くで大坂の陣の戦功もあった利孝の出世を事例に挙げることで、直之の江戸下向を芳春院に納得させようとする魂胆もあったように考えられる。

同年十一月、利常に嫡男（後の四代光高）が誕生したことで、直之の宗家相続の可能性が消滅した上に、翌年には利孝が上州七日市で拝領した。この直之の立場を一転させた出来事について見瀬氏は、利孝の大名栄進は芳春院の不満を一層かき立てることとなり、直之に利孝と同様の大名並の知行をというのが、芳春院のせめてもの望みだったと述べている。元和三年の芳春院死後、直之の江戸下向策は中止され、直之は七〇〇〇石の加増を受けて、加賀八家として前田土佐守家の地位の基礎を築いた。

次に、七日市藩成立後の加賀藩との関係についてみていきたい。

立藩当初の家臣団の人数は不明だが、加賀藩からも派遣されていたことが分かる[26]。家老の和田監物（後に加賀藩へ帰参）、物頭の品川伊兵衛・斎藤権兵衛、小姓の保坂庄兵衛、代官の大里半右衛門などが挙げられている。後に品川・斎藤・保坂・大里家は、代々家老職を務める家柄に成長した。特に利孝時期の家老は加賀藩から派遣された者で占められ、家老が加賀藩の意を汲んでいた、もしくは、利孝自身が彼らを重要視していたとも考えられる。

家臣派遣が見られる一方、立藩の要因とされる大坂の陣の際には、幕府と加賀藩から軍糧として扶持米を与えられたことは前節で述べたが、その後、加賀藩から知行を拝領した事例もある[27]。

〔史料2〕「前田利常書状」

今度為合力、知行高参千石遣之候之処、遠路之儀ニ付て、代官以下被付置候事如何候条、八木（米）ニて請取度之旨被申候間、則随其三ヶ国ニ而現米を以千五百石宛、元和五年ゟ毎年可相渡之旨申付候、猶和田監物可申候、恐々謹言

以上

卯月廿四日　　　松筑前守

利光（利常）（花押）

前田大和守（利孝）殿　人々御中

利常から利孝に宛てたもので、利孝は合力知行三〇〇〇石を拝領したが、米で受け取りたい旨を申し出たところ、元和五年から毎年一五〇〇石ずつ与えることを許可されている。この史料は前年の元和四年の書状と考えられるが、既に七日市藩を創設している状況でありながら、「合力」として加賀藩からも拝領を受けたことを示している。

また、両藩の江戸藩邸の立地からも関係性が窺われる。辰口邸（初期の加賀藩江戸上屋敷）周辺図が「東邸沿革図譜」に描かれており(28)、寛永八年（一六三一）の大名屋敷の配置としている。大炊殿橋（現在の神田橋）方面では「松平肥前《前田利常》」と記した加賀藩邸を中心に、出雲松江藩の堀尾忠晴邸、近江彦根藩の井伊直孝邸などがみえる。対岸には、豊前小倉藩の細川忠利邸、信州松本藩の松平康長邸に挟まれる形で、「前田大和《利孝》」と記した七日市藩邸が描かれている。辰口邸において、七日市藩と加賀藩は近接していたことと、七日市藩の江戸藩邸は寛永八年までに造営されていたことがわかる。

しかし、翌年の池田光政の岡山藩邸からの出火で、両藩の辰口邸も含め、他大名屋敷も類焼した(29)。「東邸沿革図譜」に記載された大名屋敷図は、火災直前の様相を写したものといえる。同十年正月には幕府から救済金としての造作料が、被災した大名に宛てがわれ、加賀藩には銀五〇〇貫、七日市藩には銀五〇貫が与えられた(30)。同年冬に加賀藩辰口邸が再建された一方、七日市藩邸の再建時期は不明だが、寛永十九年・同二十年頃の江戸の大名屋敷図を描いた「寛永江戸全図」(31)によると、類焼前と同じ辰口に「前田右近」と記した七日市藩二代利意邸が、対岸には「松平筑前」と記した加賀藩四代光高邸が描かれている。寛永九年の類焼後も同地で、七日市藩邸が再建されたのである。

その後、明暦の大火の焼失を契機に、近接していた両藩の辰口屋敷地は幕府へ返上し、加賀藩は江戸城筋違門近く、七日市藩は江戸城半蔵門近くに上屋敷を移した。一方の富山藩と大聖寺藩は寛永十六年の成立以降、江戸藩邸は加賀藩邸の敷地内にあり、ここに、分知拝領した富山・大聖寺藩と、新知拝領した七日市藩との差異があらわれている。

以上、初期の七日市藩と加賀藩との関わりについてみてきた。成立した経緯から、本家とは異なる歩みをした七日市藩だが、別家として疎遠だったのではなく、加賀藩からの援助のあったことは、初代利孝自身が成せた本家との血縁が作用したものであろう。

おわりに

寛永十四年（一六三七）、利孝の死後、嫡男利意が跡を継いだ。その後、利孝の子孫は加賀藩に召し抱えられることとなる。寄孝（利孝三男）は前田大膳（監物）家、誠明（利意五男）は前田兵部家、孝效（利意九男）は前田式部家を創設し、三家は加賀八家に次ぐ人持組に属し、若年寄や小松城番などを歴任した。また、利孝次男の孝矩は、利常の推挙によって幕府旗本となり、七日市藩・加賀藩と幕府を繋ぐ仲介役として尽力している。孝矩の旗本化からみるに、一族も活用しようする利常の意図もみえる一方で、父利孝を早くに失った利意・孝矩・寄孝兄弟の将来の斡旋を利常が担ったとも考えられる。幕末に至るまで加賀藩が七日市藩に財政援助を行った事例は、利常・利孝兄弟の血縁より始まったといえる。

利孝は利家五男という立場から、宗家を継ぐことはなかったが、秀忠小姓から大坂の陣への参陣を果たし、七日市藩を拝領した。この出世は「人質」身分ではなく、幕府「旗本」として成せたものと考えられる。秀忠政権による諸大名統制の最中、大坂の陣戦功による上州内での新知拝領が唯一の大名であり、秀忠小姓として有望視されていた可能性もある。また、宗家所領の分割でなく、自ら所領を拝領し、七日市藩の礎を築いた利孝を再評価すべきであり、明治維新を迎えるまで改易を経験すること無く、歴代藩主は代々、駿府城や大坂城の加番役を務めた。利孝の栄進が子孫にも影響を与えたといえる。

また、加賀藩とは別家としても繋がりがあり、立藩時に加賀藩から派遣された家臣が家老になったこと、成立以降に加賀藩から知行拝領されたこと、利孝子孫が加賀藩士になったことからも窺われる。そして七日市藩主として、九代利以（大聖寺藩五代利道の六男）、十一代利豁（富山藩九代利幹の八男）が就任しており、十二代利昭の五男である利為は宗家に養子入りし、加賀前田家十六代となっている。

本稿では、これまで研究でふれられることの少なかった、七日市藩主利孝を取り上げた。一次史料が乏しく、利孝の人物像や足跡を記録類で追うことに留まったが、更なる調査・研究を要したい。加賀・上州の人びとの交流を研究する一側面として「前田利孝」研究の礎とする次第である。

註

（1）群馬県史編さん委員会『群馬県史』通史編四（群馬県、一九九〇年）。群馬県史編さん委員会『群馬県史』資料編九（群馬県、一九七七年）。

（2）富岡市史編さん委員会『富岡市史』近世通史編・宗教編（富岡市、一九九一年）。富岡市史編さん委員会『富岡市史』近世資料編（富岡市、一九八七年）。

（3）「大和守利孝君家系」（金沢市立玉川図書館近世史料館蔵加越能文庫）。以下、同館は「近世史料館」の略称とする。

（4）「三壺聞書」六巻下（近世史料館蔵加越能文庫）。

（5）笠谷和比古『関ヶ原合戦　家康の戦略と幕藩体制』（講談社、二〇〇八年）。

（6）矢部健太郎『関ヶ原合戦と石田三成』（吉川弘文館、二〇一四年）。

(7) 「萱君雑録」(近世史料館蔵加越能文庫)。
(8) 野口朋隆『江戸大名の本家と分家』(吉川弘文館、二〇一一年)。
(9) 「最上家譜」(『大日本史料』第十二編之第十三冊)。
(10) 拙稿「加賀藩と公儀普請 大坂城再築普請をめぐる幕藩関係」(『加能地域史』六一号、二〇一四年)。
(11) 「四家前田家譜」二(近世史料館蔵加越能文庫)。
(12) 「台徳院殿御実紀」三十、慶長十九年十一月朔日条。
(13) 「台徳院殿御実紀」三十六、元和元年(慶長二十年)五月五日条。
(14) 小宮山敏和「近世初頭における譜代大名の機能」(『譜代大名の創出と幕藩体制』吉川弘文館、二〇一五年)。
(15) 「五月七日於大坂表討捕頭帳」(近世史料館蔵生駒家文書)。
(16) 山前圭佑「加賀藩支藩七日市藩のこと」(『加南地方史研究』四五号、一九九八年)。
(17) 野口前掲註(8)。
(18) 「台徳院殿御実紀」六十、元和九年六月二十八日条。
(19) 「大猷院殿御実紀」七、寛永三年七月十二日条。
(20) 「将軍様相国様御成之次第」(近世史料館蔵加越能文庫)。
(21) 「御当家紀年録」(『東京市史稿』皇城篇第一編)。
(22) 川田貞夫「徳川家康の関東転封に関する諸問題」(小和田哲男『徳川氏の研究』吉川弘文館、一九八三年)。福島正義「徳川家康の関東転封をめぐる諸問題」(『白鷗大学論集』一〇巻二号、一九九六年)。
(23) 前掲註(2)。

（24）「本多家古文書等」二（近世史料館蔵加越能文庫）。
（25）見瀬和雄「前田利常の家中統制　前田直之の処遇をめぐって」（『金沢学院大学大学紀要』文学・美術編四号、二〇〇六年）。
（26）「彦之進より武右衛門聞書」（『富岡史』富岡市、一九五五年）。
（27）「前田利常書状」（近世史料館寄託前田大膳家文書）。
（28）「東邸沿革図譜」（近世史料館蔵加越能文庫）。
（29）「天寛日記」（『加賀藩史料』第二編）。
（30）「大猷院殿御実紀」二十二、寛永十年正月十一日条。
（31）「寛永江戸全図」（臼杵市教育委員会蔵）。平成十八年（二〇〇六）に発見された現存最古の江戸城下の実測図とされる。

能登願成寺所蔵大般若経六百巻と江戸・高崎

寺口　学

はじめに

石川県鳳珠郡能登町内浦地区には、木郎結衆《もくろうけっしゅう》と呼ばれる真言宗寺院の集中地帯が存在する。その一か寺である時長《ときなが》の願成寺《がんじょうじ》には、(1)江戸時代の黄檗版大蔵経のうち大般若波羅蜜多経（以下、大般若経。写真1）が所蔵されている。後世に補われた巻や、虫損・継ぎ目部分の剝がれがみられるものの、全体的に良好な状態で受け継がれている。そしてこの経典で最も注目されるのは、表紙裏または背表紙裏、収納用の箪笥に、経典購入資金を施入した人びととして、江戸および関東周辺・信越・近畿の町人や武士、百姓と思われる人びとの住所・氏名が記された願文が存在することである。

こうした関東近郊を主軸とした活動事例は、能登地方では管見の限りみられない。残念ながらこの件に関する資料は、明治の本堂建て替え時に近世文書を処分したためかほかに存在せず、当時の状況を知るすべは願文だけである。しかし、膨大な施入者の情報を整理・分析し、大般若経の購入・資金調達過程、施入者と僧侶の関係を検討することにより、大般若経が願成寺に所蔵されるに至った経緯をたどることができよう。そして、当該期における地方寺院の

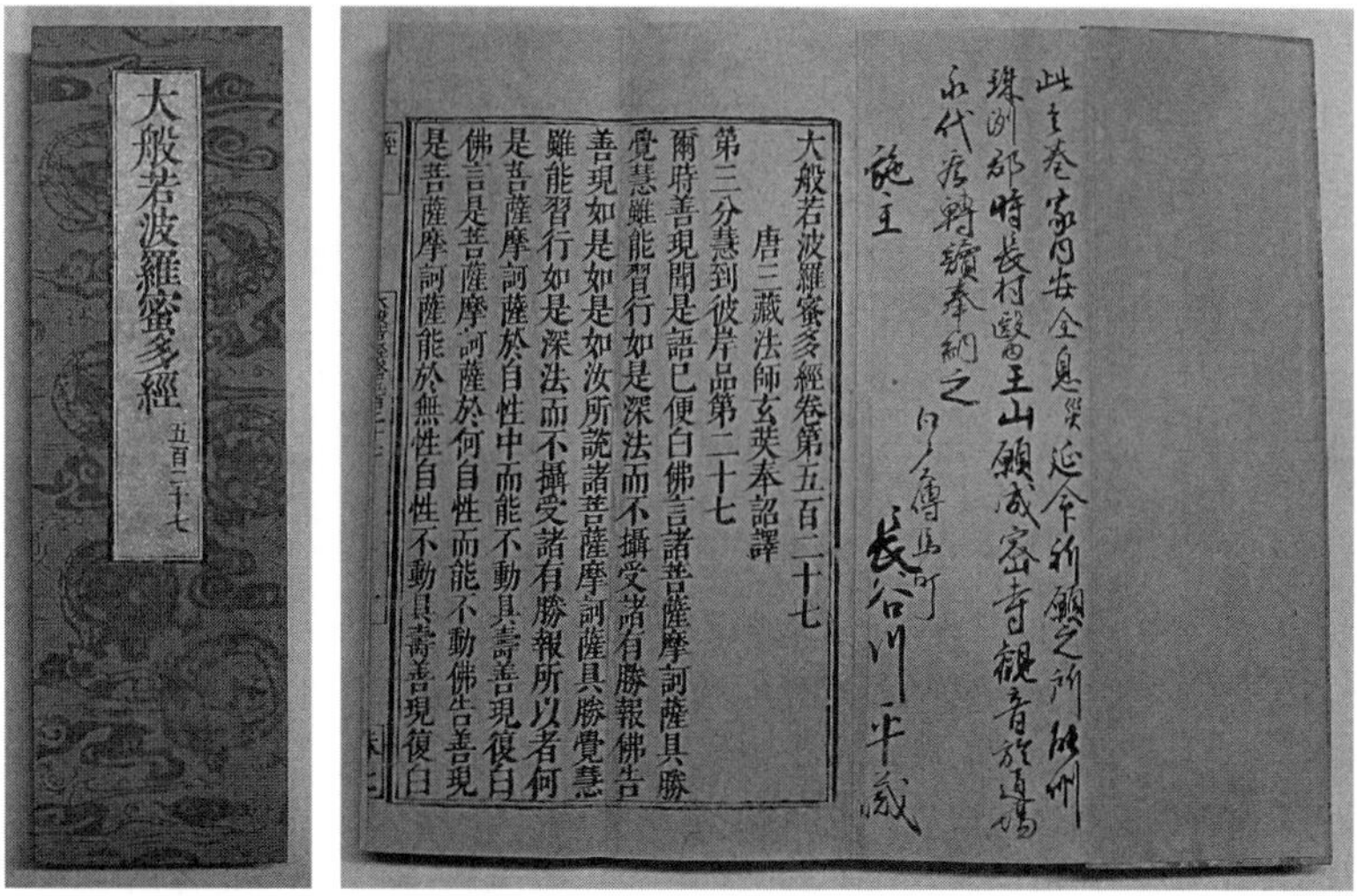

写真1　願成寺所蔵大般若経(巻527)

活動の一端や、能登と関東との関係を僅かばかりではあるが紐解いてみたい。

一　大般若経所蔵に至る経緯

願成寺所蔵の大般若経についての本格的な調査・研究はこれまで実施されておらず、最初に報告された『内浦町史』[2]では、江戸中期の住職祐海が勧進を行ったとしているだけで、具体的な記述はない。

そこで、以下、大般若経の各経巻の前後におおむね記されている願文を検討してみたい（史料1）。

〔史料1〕

此壱巻、家内安全息災延命祈願之所、能州珠洲郡時長村医王山願成蜜寺観音於道場、永代為転読奉納之、

江戸大伝馬町

施主　長谷川平蔵（巻五二七）

願文によれば、願成寺の観音道場において永代転読のために大般若経を納めるとしている。しかし、願成寺には観音堂および観

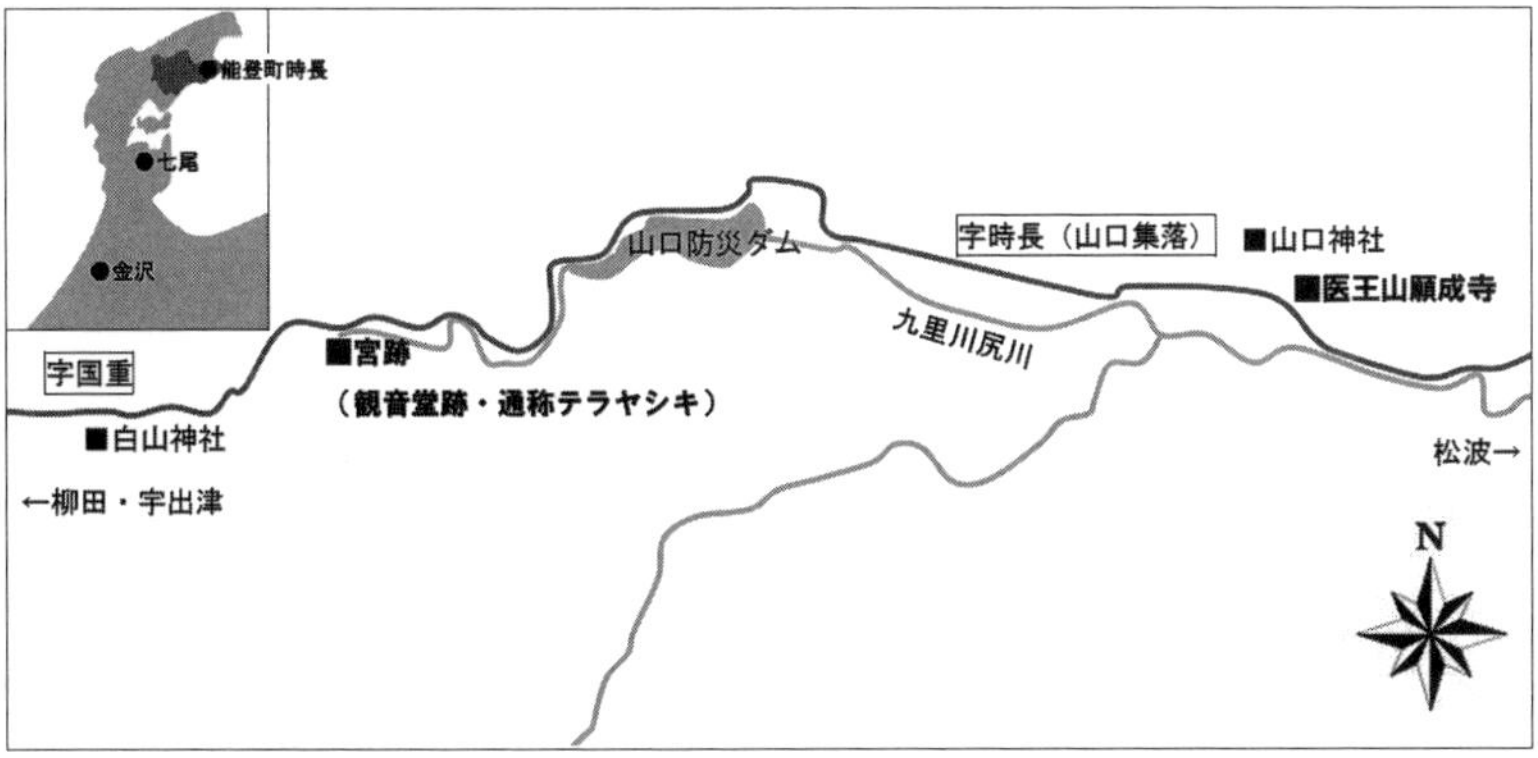

図1　願成寺周辺図

音像が存在しない。そこで注目されるのが、隣接する国重《くにしげ》集落の鎮守白山神社（旧名「十八体宮」）の存在である（図1）。現在地に移転する以前は、時長との境に近い丘陵上にあって「観音堂」と称し、祭祀は松波の橘神主とともに願成寺住職が関わっていた。例えば、観音堂が十八体宮として現在地に移された貞享三年（一六八六）の棟札（史料2）には、導師願成寺住僧法印良雄の名がみえる。(3)

〔史料2〕

〔表〕

聖主天中天　大施主大梵天王
迦凌頻伽声
当十八躰宮　　願主国重
哀愍衆生故
我等令敬礼　大願主帝釈天王

〔裏〕

此御社、従先年号観音堂、当民屋ヨリ七八町下ニ御座候、
今歳新改霊場此処ニ奉令遷宮、並□　□御□□重開眼供養
者也、　　大工七尾住
（梵字）　若末法此人　長誦此真言　　小工　同

兵不能害　　水火不焚漂　　　　　　　　　神主　橘朝臣丹波
旹貞享三暮丙寅三月吉祥日　導師願成寺住侶法印良雄敬

さらに、白山神社から廃仏毀釈に際して願成寺に移されたとみられる仏神像の中に、観音とみられる古像も含まれている（写真2）。四〇cmほどの大きさで持ち運びも可能であることから、旅に仏像を随伴し、施入を募る際に本像を披露して仏事を執り行っていた可能性もあろう。つまり、願成寺の「観音道場」とは、国重白山神社（旧称観音堂）を示すものと思われる。

写真２　願成寺の古像

では、「観音道場」または願成寺に大般若経をそなえるという行為に、どういった意味や必要性があったのだろうか。稲城信子氏は「大般若経は五穀豊饒・天下泰平のための祈願、天災異変の除去、追善・算賀のための祈禱、異国降伏のための祈禱、神前法楽のための読経といった目的から村落レベルの虫払や祈雨といった目的へと変化しながら地域社会に受容」されたとしている[4]。

願成寺周辺における大般若経の最も古い事例としては、能登町に接する輪島市町野町東に所在する八幡寺の中世大般若経があげられる。また、同市町野町西時国に所在する岩倉寺の大般若経は元治元年（一八六四）同寺の住職英壽によって納められたとされるもので[5]、願文には「岩倉寺」に「大般若経」を安置し千手大士（千手観音）の法楽に備えるとある。これは、願成寺大般若経の願文にある「観音於道場永代為転読」に通じ、観音信仰と大般若経が結びつくものとの認識があったことがうかがえる。

また、毎年六月十六日の願成寺大般若法会と、その際に作られる虫札との関連性も考えておく必要があろう。虫札は、虫が水田へ侵入しないためのまじないに使われる札であり、般若菩薩の真言が記された札に大般若法会でお性根を入れて檀家に配り、配られた札は水田の水口へ棒にさして設置している。当寺におけるその起源は不明であるものの、能登町に北隣する珠洲市経念地区で虫送りの際に使用する例が存在し、虫除けまたは虫送りに際して大般若経転読が行われる例は全国的にみられる。

さらに、後に詳しく述べるが、大般若経の資金調達が始まったとみられる文化年間初頭の文化四年（一八〇七）に山門（仁王門）が修造されており（写真3）、寺境内の整備が行われていたことがわかる。この修造は、棟札にみえる第十五世祐賢によるもので、大般若経の資金調達も祐賢によるものではなかろうか。なお、『内浦町史』では江戸中期の住職祐海による活動とするが、時間的な隔たりがあるため修正せざるを得ない。

以上を総合すると、寺境内整備の一環、観音道場における転読、大般若法会と虫札のためのツールとして、大般若経をそなえる意味や必要性があったのだろう。

写真3　願成寺山門

二　資金調達過程と施入者

施入者の分布と施入日から僧侶の動きと寄進者を整理すると、文化十年（一八一三）頃から文政二年（一八一九）頃が活動期間のようである。月をみると、春の記載がみられないことから、その間は能登へ帰郷していたのではないかと考えられ、江戸では夏から冬にかけて活動し、能登と江戸を行き来していたようだ。

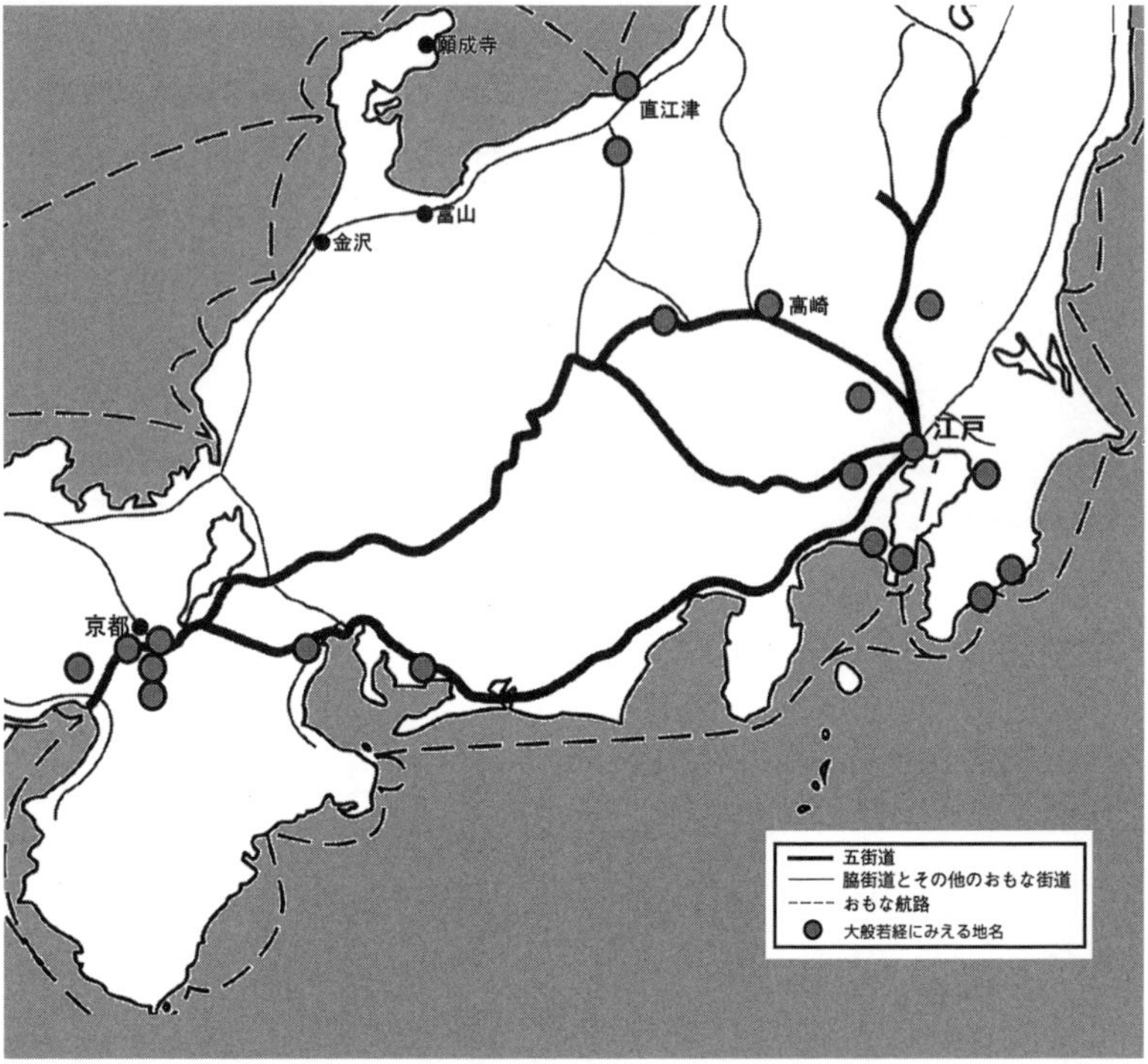

図２　大般若経にみえる地名

江戸までのルートだが、寄進者の住所分布（図２）からみて、信濃―上野―武蔵、そして江戸に出るという、いわゆる北国街道から中山道の道程（北国下街道）を利用していたとみられる。しかし、越中に寄進者の分布がないことから、能登（小木または宇出津）より出発して舟で越後まで向かい[6]、その後は陸路で向かったのだろう。

そして、最大の目的地は、最も施入者が多い江戸であり、江戸市中の施入者分布（図３）を詳しくみると、日本橋周辺が最も多い。大店が集まる江戸の代表的な商業地域であることから、自然の成り行きといえよう。また、浅草や根津にも赴いているが、浅草寺や根津大権現（根津神社）といった信仰の場に近く、人も多く集まりやすい場所である。僧侶はそうした地点を狙いながら、江戸市中での活動を行ったものと考えられる。

次に、施入者について検討したい。武家では、鬼平として有名な長谷川宣以息の宣義とみられる長谷川平蔵の名がみえ、商人では、塗物問屋、植木屋、乾物卸、鰹節・塩干肴問屋、真綿問屋、船具問屋、麻苧問屋、紙問屋、箪笥長持所、薬種がみられ、工人では、木挽、畳大工、御風炉師、大工のほかに、漢方医、国学者とみられる名もあり[7]、女性達による施入も散見される。

そして、巻一一に「江戸府内観音建立中　惣講中」、巻四七三に「江戸　日本橋　講中」などとあり、町人による団体組織の関与もみえている。こうした組織と何らかのきっかけから繋がりを持ち、その協力を得て活動を進めていたのではないか。江戸市中での広範な活動は、町人組織との連携により実現したようである。このような組織には、地域の顔役的な存在も多く所属していたであろうし、願文中に散見される「世話役」を買って出た者により、親族や商家同士による紹介が連鎖していったのではないだろうか。

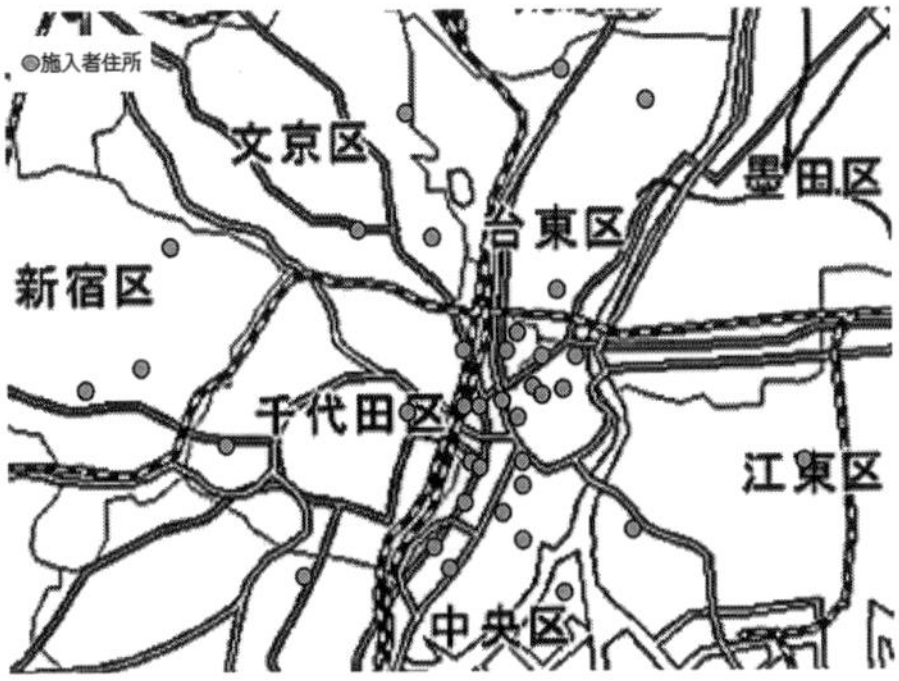

図３　江戸市中の施入者分布

さらに、寺院では「檀主　東都霊巌嶋　円覚寺　覚如」(巻六五・六六)が江戸で唯一記載が現れる。円覚寺は現存しないため、詳しい事情は不明だが、真言宗寺院であることから、同宗派の協力を得ていた可能性もあろう。こうした寺院との関係を考えると、勧進という側面ばかりではなく、出開帳という側面も有していたことが想定される。円覚寺は明治に焼失後、廃寺となっているが、本尊は「宵薬師」と称された御府内八十八か所の十三番橋本稲荷の別当寺であることから、衆人が集まりやすい場所であった。江戸の開帳に関する史料として用いられることの多い「開帳差免帳」、『武江年表』には願成寺の名は見えないが、開帳場所として円覚寺の利用例[8]がみえている。

加賀藩領内から江戸へ出開帳している事例としては、白山（元禄十六年〔一七〇三〕、宝暦六年〔一七五六〕、倶利伽羅長楽寺（津幡町、古義真言宗、文政五年〔一八二二〕）と加賀の例があるだけだが[9]、能登珠洲郡法住寺（珠洲市、真言宗、貞享元年〔一六八四〕）、同郡真脇新善光寺（能登町、浄土宗、寛政二年〔一七九〇〕等）が金沢へ出開帳[10]している例がある。また、願成寺からほど近い能登町上の光明寺出身の研龍が弘化年間（一八四四～四八）の頃に高野山の寺務検校執行の位にあり[11]、本山との交流もみられる。すなわち、地元または金沢で、勧進や出開帳を行うという発想を得ることが可能であり、かつ本山の高野山へ赴くこともあったろうから、太平洋側への旅路もそれほど難しく考える必要もなかった。そして、たどり着いた江戸の市中では、勧進にしろ、出開帳にしろ、持参した観音像を披露して法要を執り行い、広く資金を募ったと思われる。

三　高崎における施入者

江戸以外の事例について、どのような人びとが施入し、どのような経緯で施入するに至ったのか、江戸に次いでまとまった数の施入者がみられる高崎（表1）を例として考えてみたい。

施入者の分布は、新《あら》町・田町・九蔵《くぞう》町で、いずれも町人町であり、施入者は町人を中心としているようである。施入者の中で素性が判明する者を何人かみてみよう。

まず巻一三九の大谷三右衛門は高崎田町の古着商で、たびたび問屋（宿運営管理にあたった）を勤めたこともある家柄であった。三右衛門は六帖園雅雄・桐雅雄と称した狂歌師で、文政十三年（一八三〇）八月十三日、三十七歳で死去

表1　高崎における施入者

巻数	施主住所・氏名(施入年月日)
132	上州郡馬郡高崎新町二丁目　三田屋　利兵衛
133	上州郡馬郡高崎新町　三田氏清吉
135	上州高崎　小嶋屋仁兵衛
138	上州高崎郡馬郡　岡小左衛門　よ志
139	上州郡馬郡高崎田町　大谷三右衛門
140	上州郡馬郡高崎　利三郎母定
147	上州郡馬郡高崎新町　三田氏清吉
150	上州郡馬郡高崎新町　小林氏栄
331	上州群馬郡高崎九蔵町　舛屋喜兵衛　世話人定女(文化13年丙子天9月寄附之)
334	上州郡馬郡高崎田町二丁目　三好屋　善兵衛

している。妻すめ子も狂歌師で、夫婦ともに九蔵町大雲寺の墓所（写真4）に葬られている。[12]その墓所周辺には大谷家の墓石が集積されているのだが、そこに巻一三九に記載される大谷家縁者とみられる四法名のうち二つの墓石が存在している。問屋を勤めたこともある家柄であることから、地域の顔役的な側面もあったと考えられ、その力を借りて施入者の輪を広めたのではなかろうか。また、狂歌師であったということで、文人のつながりも、影響を与えていた可能性がある。

さらに、巻三三四の三好屋善兵衛（高崎田町二丁目）については、多少時期が下るが、文久三年（一八六三）四月の「榛名神社紫銅大燈籠献納糸繭商人・諸商人・養蚕人・寄付標名録」に「田町　三好屋善兵衛」、明治二年（一八六九）七月の「高崎田町絹市衰微につき生

写真4　大谷三右衛門夫妻の墓

糸見世売買願」に「田町　小前惣代　善兵衛[13]」とみえ、繊維関係の商人であったことがうかがえる。この善兵衛と同じ屋号を持つ者として、巻一三四に「上州郡馬郡高崎産　江戸日本橋通四丁目三好屋忠兵衛」の名がみえ、高崎と屋号の共通性から親戚とすることも可能だ。どちらが先かという問題はあるが、江戸の忠兵衛が高崎の善兵衛を紹介して高崎での施入に協力させ、そこで大谷三右衛門と出会ったのだろう。高崎は、能登から江戸に至る途次であり、移動にも無理がない。高崎での施入が江戸に次いで多いのは、江戸に住む親戚の紹介、そこから顔役的な存在の人物との出会いが影響しているようである。

そのほか、江戸以外の地名が記されている例をみると、江戸在住者が生国を記す場合、高崎の例と同じく親族同士で紹介しあっている事例、能登から江戸に奉公へ出ている人物など、江戸や親族同士の紹介とみられる事例が多く存在する。[14]さらに、修験の拠点の一つでもある越後関山や、近畿周辺では現在廃寺となっている寺院名もみられ、信仰的なつながりや、僧侶の縁故関係が存在しており、[15]多岐に亘る縁がこの事業を支えていたのである。

おわりに

以上、願成寺所蔵大般若経に関して、検討してきたが、次にその内容を整理しておきたい。

第一に、購入の理由は、願成寺観音道場での永世転読（または祈禱）であり、観音道場は観音堂と称された十八体宮（国重白山神社）と想定される。具体的には、大般若法会での転読に用いるツールとして用いる側面が強かったことが現在の使用実態から判断できよう。また、活動が展開された文化期には、当寺の山門が修造されており、寺整備の一環という側面も持ち合わせていた。周辺地域の様子を見渡せば、文化・文政期の巡礼供養塔などが寺周辺で多く建立されており[16]、民間での信仰的意識の高まりも影響しているものと思われる。当該期は、いわゆる「化政文化」の時期で、全国的に巡礼が盛んとなっていたこともあり、こうした状況も意識されたのではなかろうか。

第二に、江戸で施入を募ろうという発想は、能登および加賀ではみられない珍しい事例である。願成寺周辺の寺院が大般若経購入に関わる勧進を行っているが、その範囲は国郡単位であり、太平洋側での勧進例はみられない。発想を得る経緯としては、同宗派間や金沢等都市からの情報であったと考えられ、周辺の事情には、山門の修造による負担があったことから檀徒へ配慮した可能性もあろう。また、江戸時代において全国でも有数の人口を擁した金沢で実施していない点については、文化期において打ちこわし、大雪等に見舞われるなどの不安要素が存在したことがあろう。さらに、加賀藩領内において無断で出開帳を実施した寺院が叱責を受けている事例があり[17]、こうした規制も江戸へ歩みを向かわせた要因であろう。当の江戸では、毎年のように火災・風雨害・怪奇な噂が飛び交うなど、不安要素は存在したが、逆に信心が高まる要因でもあり、観音の力、大般若経の力にあやかろうとする人びとも多く存在したことだろう。

第三に、施入時期や場所についてであるが、願文に記された紀年銘から文化十年（一八一三）頃から文政二年（一八一九）頃に実施されたものとみられ、実行に移したのは文化四年に山門を再建した祐賢と考えられる。そして、最大の目的地は江戸（勧進＋出開帳）であり、旅路の途中や江戸での紹介、僧侶の縁故で資金を得る場合もあったようである。さらに、江戸に次いで施入者が多い高崎は、当地出身の江戸在住者による紹介と、高崎の地における顔役的な存在の人物との出会い、また日程的な都合の良さなどが要因といえよう。

願成寺の大般若経の存在は、能登・加賀地域でみられない貴重な事例であり、地方単位（国・郡）の活動が目立つ中で、一地方僧侶の活動範囲の広さ、活発さをうかがい知ることができる特徴的な事例である。当寺については、安政期の僧侶が関東方面で活動していた事例があり⒅、その署名には「遷宮師 能登国珠洲郡木郎郷時長邑 医王山前願成蜜寺 大阿闍梨戒応」とみえ、住職の座を退いてから活動を行っていた。大般若勧進に関しても、後進の育成を図った上で、何らかの事情が発生したとしても対応できるような体制を整えて実施していたことであろう。

さらに、巻三五などにみえる「会津屋徳兵衛」の子孫と確認できた「会津屋漆器店」と願成寺檀家が交流を深め⒆、能登産米を東京で販売する機会を得るなど、大般若経は地域活性化の起爆剤としても、現在にまで影響を与えている。史的価値、研究史料としての価値ばかりではなく、地域を動かす原動力として機能し、様々な方面に影響を与えた経典として、特異な存在といえる。

註

（1）中世史料にその名がみえ、仏像・絵画等の什物類にも平安期まで遡るとされる仏像・絵画類を所蔵。貞享二年由緒書上では本寺を高野山金剛峰寺としている。

（2）内浦町史編纂専門委員会『内浦町史』一巻（石川県珠洲郡内浦町役場、一九八一年）九九五頁。

（3）前掲註（2）九九八頁。地元では祭礼の際に「願成寺が行かないと祭りがはじまらなかった」と伝える（前掲註（2）八一二頁）。

（4）稲城信子『日本中世の経典と勧進』（塙書房、二〇〇五年）。

（5）生駒哲郎「町野結衆寺院 岩倉寺所蔵「大般若経」と地域社会」（宮野純光編『奥能登における真言宗寺院の総合調査―町野結衆寺院を対象として―』科研報告書、二〇一七年）。

（6）小木湊に入港した船は「諸国客船帳」（小木中山定男家文書、『内浦町史』三巻、石川県珠洲郡内浦町役場、一九八四

年、三一六頁）に、市振・青海・糸魚川・柏崎の名がみえ、越後の船が入港していた。この先の道程は北国下街道と称され、加賀藩の参勤交代で頻繁に利用されている。

（7）国立歴史民族博物館「江戸商人・職人データベース」（https://www.rekihaku.ac.jp/up-cgi/login.pl?p = param/edos/db_param）、香取俊光「幕府の医療制度に関する史料（二）―土岐長元家由緒書など―」（『日本医史学雑誌』三六（二）、一九九〇年）一五九～一六二頁、練馬郷土史研究会『伊阿弥家文書集』（一九六〇年）、『寛政重修諸家譜』（続群書類従完成会）。

（8）比留間尚『江戸の開帳』（吉川弘文館、一九八〇年）、北村行遠『近世開帳の研究』（名著出版、一九八九年）。

（9）宇佐美孝「加賀藩開帳年表」（石川県地域史研究振興会『加能史料研究』一〇号、一九九八年）、同「城下の寺社空間と宗教行事―開帳行事を中心に―」（石川県教育委員会事務局文化財課世界遺産推進室・金沢市都市政策局歴史文化部文化財保護課編『城下町金沢論集』第二分冊、二〇一五年）。

（10）前掲註（9）参照。

（11）高野山文書「金剛峯寺青巌寺検校帳巻第八」（前掲註（2）九六九頁参照）。

（12）高崎市史編さん委員会『新編高崎市史』資料編八　近世Ⅳ（高崎市、二〇〇二年）巻頭図版・九〇二頁、同通史編三　近世（高崎市、二〇〇四年）六八五～六八六・六九一～六九二頁。

（13）高崎市史編さん委員会『新編高崎市史』資料編六　近世Ⅱ（高崎市、一九八七年）三四一～三四二・三八二頁。

（14）巻四一三の信州坂中村（長野県長野市坂中）の「笠原」は江戸に在住していたと記され、巻四五八では「当時江戸日本橋坂本町　和泉屋奉公　能州風ヶ至郡宇出津新町　清吉　子息清助」（現石川県鳳珠郡能登町宇出津）と生国と現住地（江戸）を併記、巻二〇六等の信州佐久郡野沢村（長野県佐久市野沢）は「並木甚五右衛門」の名に併記して「江府南茅場町

三河屋　甚五右衛門」と同名が記されていることから、生国を記載したものとみられる。巻二百一の越後国頸城郡黒井村（新潟県上越市黒井）「竹田太左右衛門」の隣には「江戸　竹田半兵衛」とあり、越後と江戸の親族同士の関係と思われる。

(15) 近畿地方に所在したとみられる寺院については、巻六百の南山城綴喜郡南庄村願成寺・天神森梅香山松寿蜜院、東川原村東福山大徳蜜寺がある。

(16) 能登町内浦地区における江戸時代に造立された巡礼塔二〇基のうち、一五基が文化・文政期の造立である。

(17) 高堀伊津子氏にご教示いただいた。

(18) 安政五年（一八五八）に願成寺前住職が現横浜市保土ヶ谷区の松野稲荷社の遷宮供養を執行していることが当社に残される棟札より判明し、関東で活動を展開していたことがうかがえる。

(19) 「会津屋漆器店」（杉田氏）は、享保二年（一七一七）の創業以来「会津屋」を名乗り、明治まで当主は「徳兵衛」を名乗った。経典に記された「会津屋」関連人物とみられる法名三二人を過去帳と対比した結果、二一人が一致した。

［付記］　願文のカード化（転記作業）にあたっては、金沢学院大学文学部歴史文化学科学生および同大学院人文学研究科院生の協力を得た。

加賀前田家の中山道通行と上州安中宿の対応

秋山寛行

はじめに

本稿は、加賀前田家の参勤交代に伴う大規模な通行への宿場の対応を、宿場側の史料から明らかにすることを目的とする。

近世交通史の研究については戦前から研究が存在し、多くの蓄積がある[1]。本稿に直接関わる参勤交代制の研究として、参勤交代制の形成・確立及び初期参勤交代制[2]、大名による参勤交代の個別的検討[3]、大名行列[4]、宿場での休泊[5]、幕末期の参勤交代制の緩和[6]などの論点がある。本稿に直接関わる加賀前田家の参勤交代に関する研究[7]では、加賀藩の藩政史料を中心に用いて、参勤交代の時期や行列の人数、編成、通行する街道や費用と藩財政との関係が明らかにされている。また近年では参勤交代を差配する同藩藩士の動向が明らかにされている[8]。他方、宿場・本陣研究を扱った研究では、大名家による本陣の利用を分析し、先触から宿泊の過程[9]や、行列を迎える宿・本陣の作法といった大名行列を迎える側の視点からの研究[10]が行われている。本稿の問題関心から言えば、東海道の二川宿を事例とした「本陣宿帳」「御通行日記」から尾張藩関係者の通行を抜き出した分析[11]にも学ぶべき点が多い。

本稿で事例とする近世上野国は、中山道・日光例幣使道・三国街道など、多くの街道が交わる交通の結節点[12]であり、宿場の盛衰の分析や関所を中心とした研究が盛んに展開された。一方、本稿で使用する安中《あんなか》宿の「休泊帳」は従来から知られた史料[13]であるが、一部の自治体史を除いて、利用が少ないのが現状である。

本稿では、①加賀前田家の通行を「休泊帳」を中心に分析し、安中宿・坂本宿側からみた大名通行について明らかにする。②加賀前田家の通行に関わる一件を通して、安中宿や周辺町村へ与えた影響についても考察を行い、地域社会にとっての参勤交代について明らかにすることを課題とする。

一　安中宿・坂本宿と当該地域の交通

安中宿[14]は上野国碓氷郡（現群馬県安中市）に位置する宿場である。戦国期には武田氏・滝川氏（織田家家臣）・後北条氏の伝馬業を担うが、本格的な宿場の形成は慶長十九年（一六一四）の井伊直勝の安中入封以降である。安中宿は石高が無く、上野尻村と下野尻村の敷地の間に存在し、その土地は地子免除であった。宿場の規模は中山道の宿場の中でも小さな宿場であった。特徴は、特に中山道の定式人馬五〇人・五〇疋を勤めることが難しく、その半分の二五人・二五疋を勤める「半減勤」という方式が近世を通じて大部分実施され、残りの半分を定助郷一九か村が勤めたことである[15]。また、安中宿は幕府の交通制度上の呼称であり、安中藩の城下町としては伝馬町と称されていた。宿内の家数は寛政五年（一七九三）時点で六五軒であり、以降この数値で推移した。本陣は須藤内蔵助家が勤め[16]、ほかに宿内には、脇本陣が二軒あり、旅籠屋は一七軒あった。

「安中地域[17]」は、井伊直勝入封時に上野尻村・下野尻村・谷津村地内に城を造り、安中宿の町割を行ったことに始まる。安中城を中心に安中宿（伝馬町）・上野尻村・下野尻村・谷津《やつ》村・常木《つねき》村が城下の地域として規定された。「城下四町」とは、安中宿（伝馬町）と上野尻村・下野尻村・谷津村（城下三町）を合わせた呼称であり、「城下四か村」と称するときは、上野尻村・下野尻村・谷津村と常木村を合わせたものを言った。この常木村は石高が一番多く、かつて安中宿の持ち地であった形跡があり、安中宿やこれらの村の出作地であった。

坂本宿[18]は、上野国碓氷郡に位置する宿場であり、宿場の本格的な形成は近世初期と考えられている。宿場は上宿・中宿・下宿で構成され、家数は、南に七九軒、北に八二軒の計一六一軒で、元和元年（一六一五）には、本陣は二軒ある。上宿の佐藤家・下宿の金井家の二家であった。本稿で使用する史料の作成者は、この内の一家である金井三郎左衛門である。他に脇本陣は酒屋・永井・永楽屋・八郎兵衛の四軒、旅籠屋は、大一五・中七・小三三軒と多くの旅籠屋が店を構えた。宿内人口は八二二人（男四〇九・女四一三）であり、嘉永五年（一八五二）の「明細書上帳[19]」によれば、石高二六八石余り、旅籠屋二八軒とある。助郷村は原村他二八か村[20]であった。

周辺には、板鼻宿・松井田宿・横川茶屋本陣・刎石《はねいし》茶屋・山中茶屋・碓氷関所などがあり、当該地域は、近世上野国の交通事情を考える上で重要な地域であると言えよう。

二　「本陣休泊帳」にみる加賀藩の通行

1　安中宿における前田家の休泊

本項では安中宿の事例を検討していきたい。安中宿本陣文書中には三冊の「御大名様方御泊御休帳」（以下、「休泊帳」と略記する）が現存する。[21]①享保七年（一七二二）～寛保元年（一七四一）、②寛保元年～安永七年（一七七八）、③安永七年〜寛政八年(一七九六)の三冊である。三冊とも竪帳で、大名や御宮・公家、旗本などといった分類はされておらず、その日ごとの公用通行者を時系列に記載したものである。一件ずつの記載内容は、休泊の有無、献上物の有無、下賜の有無、通行時の動向が簡略にまとめられている。

次に「休泊帳」よりみた加賀前田家関係について分析したい。論文末の表は、「休泊帳」から加賀前田家関係を抜き出したものである。[22] 表によると約七十年間で三一例確認できる。記載名によると、藩主・家老・荷物・女中といった多様さがみてとれる。藩主が安中宿本陣に宿泊したことは確認できない。これは宿場の規模的な問題や警備上、城下町を避け坂本宿・板鼻宿に宿泊したと考えられる。

まず「休泊帳」の藩主の休息についての記事を検討する。[23]

〔史料1〕

(寛保二年)七月廿二日　坂本　御泊
　　　　　　　　　　　松井田御休
　　　　　　　　　　　　　　　　板鼻御泊
　　　　　　　　　　干いか　三把　内蔵助　被下物なし
　　　　　　　　　　かんぴやう壱把　留八

一加賀宰相様　御中休　白銀三枚被下候、表裏番所入申候、御昼召被上候ニ付外に白銀弐枚被下候、金弐百疋留八に被下候、

同晩御荷物泊り、是は板鼻御泊より御状被添被下候、(後略)

この史料は寛保二年(一七四二)、藩主前田吉徳の参勤の中休みについての史料である。その行程は、七月十八日金沢発、七月二十二日安中宿中休、七月二十五日江戸着である。[24] ここでは本陣の内蔵助らが干いかなどの献上品を贈る

と、それに対し、前田家は白銀三枚を下し、また昼食をとったため白銀二枚を下していることがわかる。献上品は、表にあるように、鮎・うなぎ・はや・竹子・わらび・玉子・まんぢう・餅などがあり、特に鮎が多く、塩鮎・焼鮎など加工して献上することもあった。鮎は碓氷川名産として買い上げる大名もいたという[25]。一方で、献上品については、受け取らない場合もある。また公用通行では一般に御定賃銭を払い、宿場に対しての下賜金（この場合は白銀）は、本陣・宿場の運営費に充てられている。

次に家老が通行した際の史料をみる[26]。

〔史料2〕

（宝暦三年）酉六月十六日　倉賀野
　　　　　　　　　　　　軽井沢　御泊

一横山求馬様
　　　　　　御休　あゆ十五
　　　　　　　　いんげんふろう三把
　　　　　　　　まんぢう二重

被下金壱両三分、麻上下武具被下候、
御本陣附七拾五人、右之木賃と申すは無之、米代九百三十文被下候、御下宿へ木賃触致候、壱人三十五文づつ、米代壱升ニ付四十八文相極候、御登ニ付御泊迄飛脚に長太差遣候得共、昼出時に付岩鼻迄参候処、御宿割御目にかかり倉賀野迄罷帰候由、御休松井田の御積に御座候処、妙義へ御参詣に付急に当所御休罷成候、倉賀野にて献上御受納無之候、献上は塩鮎三十、桶は地檜木にて手長桶詰申候、御役人中様へ籠に三十音物致候得共、献上並御受納可被成候、然共御休に付、右之かご御役人方へ差上申候、御近所御役人方へまんぢう出申候、（後略）

この史料においても宿泊は確認できず、御休だけである。また、家臣の通行であっても献上物・下賜金・下賜物があったことがわかる。本事例は、松井田宿で休む予定であったが、妙義神社へ参詣したので急遽小休となったこと、倉賀野宿では献上に檜の手桶入りの塩鮎を準備したが、受納はなく、音物や饅頭を差し上げたことが記されている。ほかに荷物の通行も確認することができる。次の史料を確認したい[27]。

〔史料3〕

（延享元年）四月八日　泊り

松平加賀守様御荷、本荷七太、幷通し人足弐拾九人持、

御奉行御両人上下九人　御壱人百五十文づつ、内三人御ちようちん持、一人六十文づつ払申候、一汁五菜上分五菜に致し候、

この史料は加賀前田家の荷物の通行に関する記載である。奉行が九人、人足が二九人という少人数である。表をみると、荷物を送る場合は宿泊することが多く、御泊と確認できるものは一一回中、六回を数える。この場合は宿泊料と食事代は払われるが、本陣への下賜金は一一回中、一度もないことがわかる。

最後に加賀前田家の女中の通行に関する記載を確認したい[28]。

〔史料4〕

（安永五年）三月十七日

一加州様御女中　御泊　上物　まんじゅう二重

壱重九つづつ

御茶代四百文

御上分弐人、御次男女拾三人上下なし、壱人百五拾文相定申候、御侍分石黒円右衛門殿、北村治右衛門殿、礒村治太夫殿、附添御泊被成候、（後略）

こちらの場合は、茶・まんじゅうが献上されていることが特徴であろう。一方で、付き添いの藩士とともに宿泊するものの、宿泊料は払われるが下賜金はないことも確認できる。

以上のように、安中宿における前田家の通行では、藩主は御休として使用した。その際には献上品・下賜金のやり取りが行われた。安中宿は鮎の献上が特徴である。下賜金は本陣主人に渡される場合も確認できる。一方で、荷物や女中の通行などでは下賜金は渡されないなど、簡略化されたものであった。

2　坂本宿における前田家の休泊

次に坂本宿の事例を検討する。ここで扱うのは文政十年（一八二七）の藩主前田斉泰の江戸参府である。行程は三月十三日金沢発の三月二十六日江戸着である。ここでは前田家の参勤交代を担当する人物からの連絡、日程、旅籠代などを含む史料から一連の動向を検討する。[29]

まず通行当日までの動向について述べたい。十二月十三日に前田家から通行の日程が宿場へ連絡される。さらに十二月二十四日には碓氷関所番へ通行の連絡がある。その後、年が明けて一月二十五日に宿場に対して、本陣の朝夕賄いの金額について、献上物を受納しないこと、通行に際して人馬を差し支えないようにすることなどの連絡が入る。二月になると、前田家の金沢出発日（三月十三日）と坂本宿通行日（三月二十二日）の確認が行われる。二月四日に坂本宿から前田家に対して旅籠代が提示される。二十二日に前田家から通行時の必要人馬の連絡があり、それに対し坂本宿は、必要な人馬（人足二七七人・馬二〇一疋）を用意することと、多少増減した場合は適宜対処する旨を伝達している。

そして三月十一日になると、前田家から宿割・当日の料理の決定、建物の修理についての詳細が伝えられ、二十一日には坂本宿が承る旨を伝えている。

次に当日の動向について検討する。

〔史料5〕

覚

御宰料御□宿江遣ス

一上白米壱升ニ付　代長百文
一上酒壱升ニ付　代長三百文
一大豆壱升ニ付　代七拾弐文
一塩壱升ニ付　代六拾四文
一飼葉壱〆ニ付　代長弐百文
　但三人縄
一粉ぬか壱升ニ付　代三拾弐文
一草わら壱〆ニ付　代七拾弐文
　但三人縄
一御馬壱疋分　木銭長弐百文
一くつ壱足（カ）ニ付　代拾弐文
一金壱両ニ付　九六銭六貫六百文

一小粒壱切ニ付　　九六銭壱貫六百四拾八文
右之通当宿相場相違無御座候、以上
文政十亥年三月廿二日
坂本宿
御本陣
金井三郎左衛門印
左之通小奉書竪紙ニ認メ、御宿所ニ出ス

〔史料６〕

覚
金百疋宛代　　碓氷御関所
一七切　文字金壱分　　同心七人
同
一鳥目弐貫文　　中間四人
右当　御参勤御通行之節就被下之候請取相渡申所、如件
坂本宿
御本陣
文政十亥年三月廿二日　金井三郎左衛門印
斎藤浅之助殿
永井久左衛門殿

右之品々ニ御封状相添御渡被成候ニ付、当書年寄源三兵衛殿御関所江持参、須藤与太夫殿ゟ請取書、并御番頭
様ゟ御返礼御渡ニ、板鼻御泊所江御見送リ、名代として藤次参リニ付持参、御道中御奉行坂田往来様差上ル、
大判堅紙ニ認メ并大判半切ニ認控書添、

坂本宿御馳走役人
板倉伊予守内
町奉行
岡村治左衛門
御代官
石川柳助
是者人馬継立問屋場江罷出候
代官
石川勇
是者峠領分境江罷出候
町同心
大塚平太
右同断
鬼方鉄平
御先払
是者峠領分境ゟ松井田宿迄

人馬割掃除方
町同心
金井染蔵
右同断
金井藤吾

右者為御馳走相詰罷在候
亥三月廿二日

御本陣問屋
佐藤甚左衛門
右同断
金井三郎左衛門
年寄
市川孫右衛門
（他年寄四人略）

この史料は、先程までのやりとりを経て坂本宿に到着した前田家へ坂本宿が示したものである。史料5によると、宿場で使われる金額の相場を提示していることがわかる。最初に書上げられているものは米・酒・大豆・塩といった品々で、これは本陣や旅籠屋などでの食事に必要なものであろう。さらに後には飼葉・粉ぬか・草わらなどの品々が書上げられる。これは馬に食べさせるものを示している。ほかにも、沓は馬用のわらじと考えられ、別に馬を泊まらせる木賃宿代も示されている。このように宿場の利用にあたっては、人が動くことはもちろん、荷物の輸送などには馬が必要であり、馬のえさや管理も通行に当たっては重要なことであった。

史料6には、碓氷関所役人へお金を渡していることも記されており、安中藩板倉家中の町奉行らが問屋場や峠の領内境まで出ている。通行には、宿場だけではなく、安中藩の協力によって通行することが指摘できる。(30) ほかにも先行研究では、鉄砲預かりが坂本宿では行われていることが指摘され、(31) 碓氷関所を通過して江戸へ入るため、鉄砲を預かる必要があると考えられ、坂本宿における特徴のひとつであろう。

本節をまとめると、通行にあたっては藩と宿場で準備のやりとりが約三か月前からなされており、宿場での必要経費の相場については宿場側から提示し、人だけではなく馬のえさである藁などについても詳細に書かれている。坂本宿は鉄砲を預かり、また通行にあたっては、碓氷峠を越え安中藩領を通行することから、宿場だけではなく藩の協力なしでは通行できなかったことがわかる。

三　寛政七年の加賀前田家通行一件をめぐる安中宿の動向

本節では、安中宿における加賀前田家の通行における事件を通じて、大藩の通行が地域に与えた影響を考えてみたい。事例は、寛政七年(一七九五)の前田治脩通行時のものである。まず次の史料からみていきたい。(32)

〔史料7〕

乍恐以書付奉申上候

一、加賀宰相様三月廿一日板鼻宿御泊、翌廿二日当宿御通行之趣御先触至来仕候ニ付、其段御注進奉申上候処、当宿之義兼々助郷与不熟罷在、殊ニ板鼻宿御泊夜中御通行故無滞御継立何共無覚束不安心ニ罷有候処、同廿一日宿助郷一同御白渕（洲カ）江被召出被仰付候者、平日御継立者勿論、別而此度加州様御継立遅滞無之様可相勤旨、宿助郷一同厳重ニ被為仰付承知奉畏、随分御大切相心得助郷人馬着之砌者無油断相改、其上宿所江罷越万端出精相勤呉候様、助郷村々才料（宰領カ）之者江及懸合ニ、諸事御滞無之様手配等仕候而罷在候、尤宿方困窮ニ付、御慈悲為頼問屋幷年寄両人出府罷在、其上病人等茂有之至而役人共少故、仮役之者共差出人馬世話為仕候ニ付、不馴事故代役共周章仕罷居、□通不足殊更板鼻宿御発駕之義者、数年御早立ニ御座候得者、其段相弁候得共、殿様御通リ前一同押懸リ、御至着殊夜深ニ御座候故、助郷出人馬之者共進不宜気随気儘而已申数度迎ニ罷越漸罷出相勤候、格成仕合ニ付段々御荷物相重リ次第ニ押懸リ、御至着至而混乗仕候故、御継立不任心庭ニ御着順前後ニ相成、甚御腹立相増被成候ニ付、下役之者共恐入前後江人馬迎ニ罷越候処、出人馬者散乱仕、宿所ニ罷居不申故、早速召連兼弥以混乗相増シ、御家中様方御大勢問屋場江御越シ、彼是難渋被仰聞候ニ付御答ニ致当惑、早速罷出人馬ヲ差出し可申与奉存候而、村々宿所江手分ケニ罷越相尋候所、一向宿所ニ居合不申候故、無拠板鼻宿人馬相雇、御継立可仕与相心懸ケ、下野尻村江罷出差略罷在、其上下役之者共逃散リ候人馬之者呼迎等差遣セ、猶追々人馬急触等之差略心配仕罷有候前書之仕合故、御手間取ニ罷成心外之不手繰一言之御訳無御座、御重々奉恐入候、尤継立暫遅刻ニ罷成候故、坂本宿迄代役を以御侘申上候、其節始末書先達而相認メ委細奉申上候、右之趣御尋ニ付、乍恐以書付奉申上候、以上

寛政七卯四月

伝馬町年寄
三左衛門
同　市十郎

同　九郎左衛門

安中
御役所様

この史料によると、寛政七年の通行は夜間の通行であったこと、本陣宿役人が出府中で代理の者が差配したので助郷人馬が「散乱」してしまう不測の事態が発生した。そのときは安中宿だけの対応は困難で、下野尻村の「差略」で難を逃れることができた。先行研究では、安中宿にとって近在の下野尻村が頼みの綱との評価がなされている(33)。一方で、安中宿にとっては不測の事態とはいえ、小規模宿場が大通行を差配することの難しさが明らかになったと言える。このような事態を受けて、宿場では前田家通行時における取り決めがなされた(34)。

〔史料8〕

加賀宰相様御通行ニ付

一、人馬着延、則殿衣類手廻着御差支ニ相成候間、夜五ッ時迄ニ者急度着□致候様、

一、都而是迄板鼻泊、縦令少々之人馬ニ而首尾好継立事無之、其故ハ助郷人馬延着ニ而御荷物安中に当着後追々参候故、差支ニ相成候、已来板鼻泊与相触候節ハ、人馬ともニ夜五ッ時頃迄ニ者急度着いたす様致度候、

一、是迄年々御差支ニ相成候故、当年ハ別段安中ニ限御触書至来いたし候趣之事故、決而差支候而ハ不相成候事故、種々評義もいたし見候得共、別ニいたし方も無之候ニ付、当春戸(カ)田様御通行之節通、夫々問屋場近所江宿申付候而、人馬共相詰被居候様致度候、

一、人足ハ問屋場近所五六軒宿申付候間、右之場所江急度相詰候様致度候、

一、馬ハ大手ゟ上ニ而継立候事、但し乗懸馬百石壱疋半之積り、

一、伝馬触遣候節、役札差遣候間、人馬見つくらへ御渡し可被成候、
一、村々人馬与別段宰領衆差出、詰所ニ出役世話被成、御継立致度候、
一、村々人馬宰領之外、別段御役人中御出役被成、御世話被成候様致度事、
一、村々人馬出精相勤、若可用立人馬□勤いたし候ハヽ、其日之役潰し候旨、小屋敷小前江御申付被成候様致度事、
一、色々壱通リ、郷原札場所江助郷ゟ其段人馬之衆江御申聞置可被成候、御□□被成候様致度候、
一、人足之儀ハ決而難出し候、上下撰人足差出し候様致度候、
一、馬之儀成丈ケ撰候而差出し候様致度候、
一、人馬共四ツ時限ニ詰所〳〵江相揃候様、精々御申付被遣候様致度事、
高別当　古や利七（一七村一七人略）

この史料は宿役人から助郷村へ宛てたものである。速筆で写しとられており、一部意味が通じにくいところもある。要約すれば、前田家が板鼻宿での御泊のため夜五ツ時（現在の夜八時）までに到着すること、人足は問屋場近く五、六軒に詰めること、馬の継ぎ立て場所の指示、人足・馬の選別にあたっては、選りすぐりの者を出すことなど、円滑な継ぎ立てを行うための細かな指示が出されている。このような指示は、参勤交代の行程の中で、大名の一日に進む距離の予定が滞りなく済むようにするためであると考えられる。

次に寛政十一年（一七九九）に安中宿が安中藩に提出しようと作成した文書の下書きを検討する。(35)

〔史料9〕
（端裏書）
「寛政拾一年未、加州様当宿御小休被仰付、依而人馬差支候而ハ不相成趣被仰渡候、右差支之儀不安心ニ付御泊

御願度、当御役所江可差上認メ候ハヽ、故障之義有之上ケ不申候」

乍恐以書付奉願上候

一、加賀宰相様、当五月中御帰国ニ付、当宿江御小休被為仰付、然ル上者、通行之節人馬継立方手廻シ能可有御座候間、差支等有之候而者難相済旨、御書物を以被仰越、御小休被仰付候共格別之御猶余与申ニ茂無御座候得者、人馬継立方手廻シニ茂相成申間鋪与奉存候、殊ニ板鼻宿御泊ニ御座候得者、夜中之御事故継立方至而不案心之御儀ニ而御□苦難渋罷り在候ニ付、在府役人共方江茂及相談候処、是又同意之趣ニ而、当宿御泊ニ茂相成候ハヽ、手廻能継立方急度可有御座候奉存候、依之在府役人共ゟ加州様御役所江、当宿御泊被仰付被下候様御願可申上与奉存候、右ニ付候而者、何卒御慈悲ヲ以御城下三町江御下宿無滞相勤候様被為　仰付、其上御宿割之節、御役人中様、御出役様、被下成置被　仰付被下置候ハヽ、無滞相勤リ可申与乍恐奉存候、幷御領内助郷村々ゟ出人馬出精相勤候様被為　仰付被下置候ハヽ、難有奉存候、且又別紙加州様江戸御屋敷ゟ到来仕候御書翰写仕奉差上候、何卒前段之趣被為　聞召分被為　仰付被下置候ハヽ、江戸表ニおゐて加州様御役所江御泊御願可申上与奉存候、何卒右之段被為　仰付被下置候様奉願上候、以上

伝馬町

年寄

喜右衛門㊞

同

三左衛門㊞

同

寛政十一年未四月

市十郎㊞
同
直八㊞

安中
御役所様

この史料によると、先の史料7で取り上げた前田家の夜間通行が話題となっており、継ぎ立てに差支えがあるのは、板鼻宿へ泊まるため通行が夜になり「不案心」であると、その理由を述べている。そこで出府している内蔵助らにも相談したところ、当宿へ御泊すれば継ぎ立てに支障が出ない、との考えにいたったとし、そのため「城下三町」（上野尻町・谷津町・下野尻町）へ、その際の宿泊業務への協力を藩から仰せ付けて欲しいと申し出ている。領内の助郷村へも、しっかりと人馬を出し、勤めるよう仰せ付けて欲しいと言っている。

端裏書によれば、実際には安中藩役所へ提出されなかったと考えられるが、宿役人（内蔵助・年寄一人）が出府中（助郷村との訴訟）に相談を行い、前田家を安中宿宿泊とした。そのために「城下三町」への協力打診と助郷人馬の供給を藩によって命じてほしい、と考えていたとみることができる。

また、一般に五街道の交通政策は幕府道中奉行の規制を強く受ける関係上、独自性は薄いとの指摘があるが[36]、一部例外もあり、安中宿は安中藩の城下町（＝伝馬町）でもあり、地域運営上、藩権力による独自性があるといえ、宿場側のこうした動きは、上から設定された支配の枠組みを超えるものであり重要である。

以上のように、前田家の通行一件では、夜間における人馬継ぎ立ての失敗を下野尻町の協力によって乗り切り、その経験を踏まえ、助郷村への詳細な人馬触当の決まりが作成された。加賀前田家という大藩の通行がきっかけとなり、安中宿は円滑な人馬継ぎ立てのため「城下三町」[37]との協力などを藩へ願い出ようと計画するなど、宿場維持策が模索された。

おわりに

「休泊帳」は多様な情報を含む史料である。本稿は、加賀前田家の通行に注目し、宿場史料からみた公用通行への宿場・本陣の対応について明らかにした。安中宿は小規模な宿場であるが、藩主の御休に用いられた宿場であった。前田家からは白銀などが宿役人に下賜された。坂本宿では、藩と宿場で準備のやりとりが約三か月前からなされ、宿場での必要な経費の相場を提示し、人馬ともに詳細な明細が作成された。また碓氷峠を越え安中藩領を通行することから、藩権力の協力なしでは通行できなかった。

安中宿では本陣役人の対応の遅れとその経験を踏まえ、助郷村への詳細な人馬触当の決まりが作成され、円滑な人馬継ぎ立てのため「城下三町」との協力などを藩へ願い出ようと計画するなどの宿場維持策が模索された。一方で、宿場の機能の正常な運用体制の問題点や小規模宿場が大通行を差配することの難しさといった点もみえる。

以上のように、宿場の大名通行の対応を検討する際は、通行する個別藩との詳細なやり取りや、通行時の宿場の状況等を考慮して分析する必要がある。道中奉行支配下の五街道の宿場は一様に理解されがちであるが、本稿の検討により、道中奉行支配下の宿場であっても、城下町という側面をあわせ、隣接する町村はもちろん、藩権力との関係により宿場の存立を模索した事実が浮かび上がった。宿場の存立する地域の維持を宿役人や藩権力がどのように考え、行っていたのかにも目を配ることも重要であろう。

註

（1）研究史としては、交通史学会常任委員「第二回交通史学会・総会報告　共通論題「宿駅研究の現状と課題」について」〈原淳一郎執筆〉（『交通史研究』八一号、二〇一三年）など多数ある。

（2）波田野富信「参勤交代制の一考察―参勤交代制の形成過程―」（『日本歴史』三五九号、一九七八年）、丸山雍成「参勤交代制の研究（五）―九州諸藩を中心として(4)―」（『九州文化史研究所紀要』二四号、一九七九年）、同『参勤交代』（吉川弘文館、二〇〇七年）など。

（3）永井博「御三家の参勤交代―水戸家「定府」の検討―」（『茨城県立歴史館報』三七号、二〇一〇年）、小山譽城「紀伊徳川家の参勤交代」（同『徳川将軍家と紀伊徳川家』清文堂、二〇一一年）など。

（4）根岸茂夫『大名行列を解剖する　江戸の人材派遣』（吉川弘文館、二〇〇九年）。

（5）渡辺和敏「東海道二川宿の本陣宿帳」（『近世史藁』四号、二〇〇九年）。

（6）針谷武志「軍都としての江戸とその終焉―参勤交代制と江戸勤番―」（『関東近世史研究』四二号、一九九八年）など。

（7）忠田敏男『参勤交代道中記　加賀藩史料を読む』（平凡社、一九九三年、のち平凡社ライブラリー、二〇〇三年）、同『加賀百万石と中山道の旅』（新人物往来社、二〇〇七年）。

（8）守屋龍馬「参勤交代を支える人々―享保期の事例を中心に―」（大石学監修・東京学芸大学近世史研究会編『首都江戸と加賀藩―江戸から地域へ・地域から江戸へ―』名著出版、二〇一五年）。

（9）池田真由美「本陣史料の基礎的研究―四日市宿清水本陣の休泊関連史料を中心に―」（大石学監修、太田尚宏・佐藤宏之編『東海道四日市宿本陣の基礎的研究』岩田書院、二〇〇一年)。

(10) 久留島浩「盛砂・蒔砂・飾り手桶―近世における「馳走」の一つとして―」(『史学雑誌』九五―八、一九八六年)、同「行列の作法―「宿」の空間にて」(黒田日出男・ロナルド・トビ編『行列と見世物』〈朝日百科日本の歴史別冊　歴史を読みなおす一七〉朝日新聞社、一九九四年)一六～一九頁。

(11) 宮川充史「尾張藩主参勤(観)交代とその変遷」(岸野俊彦編『尾張藩社会の総合研究《第五篇》』清文堂、二〇一二年)、同「東海道における尾張藩の通行と七里飛脚―二川宿を事例に―」(岸野俊彦編『尾張藩社会の総合研究』第六篇、清文堂、二〇一五年)。また参勤交代での美濃路の利用については同「参勤交代における美濃路利用―美濃路起宿の事例から―」(『交通史研究』八〇、二〇一三年)。

(12) 群馬県史編さん委員会『群馬県史』通史編五　近世二(群馬県、一九九一年)にまとめられている。岡田昭二「近世上州の交通史研究の動向―街道・舟運・旅―」(『地方史研究』三一〇号、二〇〇四年)。

(13) 本稿で使用する安中宿本陣文書・坂本宿本陣文書は、安中市教育委員会所蔵(安中市学習の森ふるさと学習館保管。以下、安中宿本陣文書は本陣文書と略記する)。本陣文書は一部翻刻され、安中文化会編集・発行『中山道安中宿本陣文書』(一九七二年)という資料集が刊行されている(以下、同書は『本陣文書』と略記する)。

(14) 安中市市史刊行委員会編『安中市史』二巻　通史編(安中市、二〇〇五年)四一三～四二六頁、小嶋圭「近世における安中地域の構造的特質」(『群馬歴史民俗』三六号、二〇一五年)、拙稿「嘉永四年における宿組合の編成と機能―中山道十宿組合を事例に―」(『群馬歴史民俗』三七号、二〇一六年)。安中宿の研究は多くの蓄積があり、代表的なものとして、井上定幸「安中宿の助郷について」(『上毛史学』三号、一九五六年)、原沢文弥「上州安中宿にみる宿場の構造」(『歴史公論』三―二、一九七〇年)などがある。詳しくは、田畑勉・岡田昭二「群馬県における地方史研究の動向　近世」(『群馬文化』二〇〇号、一九八四年）、拙稿「幕末期中山道における宿組合取締役の活動—中山道十宿組合を中心に—」（『群馬文化』三二五号、二〇一六年）を参照されたい。
(15)　助郷村とは人馬継立をめぐって対立する場合が多かったが、その中では安中藩板倉家領の村よりも七日市藩領の村の方が強く反対したという（前掲註（14）『安中市史』二巻 通史編 四二二頁）。
(16)　近世初期にはすでに伝馬役を勤めており、近世を通じて「内蔵助」を称し、本陣・問屋を世襲で勤めた。本稿で扱う時期は十一代須藤内蔵助恒忠である。
(17)　「安中地域」「城下四町」「城下四か村」の概要については、小嶋前掲註（14）論文を参照した。
(18)　松井田町誌編さん委員会『松井田町誌』（一九八五年）六三一～六三六頁。
(19)　本陣文書四七三「明細書上帳」（『本陣文書』四六八～四七一頁）。
(20)　本陣文書五〇五「中山道高崎板鼻安中松井田坂本五ケ宿盛衰其外内調書上」（『本陣文書』四八二～四八九頁）。
(21)　それぞれ本陣文書二八〇・二八一・二八二。表題はすべて「御大名様方御泊御休帳」（『本陣文書』五一三～八六一頁）。なお「休泊帳」には加賀前田家以外の大名の記録も多く記載されている。それらの分析は今後の課題としたい。
(22)　本表の作成にあたっては宮川前掲註（11）「東海道における尾張藩の通行と七里飛脚」の表1を参考にした。
(23)　寛保元年～安永七年「休泊帳」（『本陣文書』六〇五頁）。表の一〇番。
(24)　藩主の参勤交代の期間・行程については、守屋前掲註（8）論文の表2を参照。
(25)　安中市誌編纂委員会編集・発行『安中市誌』（一九六四年）三三八～三三九頁。
(26)　寛保元年～安永七年「休泊帳」（前掲『本陣文書』六七一頁）。表の一七番。
(27)　寛保元年～安永七年「休泊帳」（前掲『本陣文書』六一二頁）。表の一一番。

(28) 寛保元年～安永七年「休泊帳」(前掲『本陣文書』七五五頁)。表の二三番。

(29) 坂本宿本陣文書二七九文政一〇年「松平加賀守様御参府御中休御触書」。前田家の参勤交代を担当する人物とのやりとりがまとめられている。後掲史料5・6も同史料。

(30) 忠田前掲註(7)『加賀百万石と中山道の旅』でも、上野・武蔵等の諸藩は通行に協力的であったとの指摘がある。

(31) 萩原榮司「中山道松井田宿・坂本宿」(安中市学習の森ふるさと学習館編集・発行『ふるさとの至宝―安中市の文化財―』二〇一一年)。

(32) 本陣文書三一八「加賀宰相通行の節継立不宜敷始末書」。本史料は小嶋圭氏のご教示による。また同氏の報告「安中藩城下四ヶ村における町場化の公認―新市の設立過程を視点に―」(二〇一六年二月、関東近世史研究会例会報告、要旨は『関東近世史研究』七八、二〇一六年)も参照。

(33) 小嶋前掲註(14)論文。

(34) 本陣文書八五五(年欠)「加州宰相通行に付出人馬注意」。

(35) 本陣文書三二三、寛政十一年四月「加賀藩主帰国に付安中宿より願」。

(36) 豊田武・児玉幸多編『交通史』(体系日本史叢書二四、山川出版社、一九七〇年、一三〇～一三一頁)。例外的な事例として、安中藩では寛延元年・正徳五年の「五人組帳」に行路病者の扱い方等の条項がみられる。また高崎藩の法令では、参勤・帰国途中、御用通行の武家が病気などで高崎・倉賀野宿で療養中、容態が悪化したため高崎城内で養生したいなどと依頼しても、堅く入城を断るよう規定した条項がある(同上書一三一頁)。これら二藩は城下町と宿場が一体となっているという特徴があり、そういった藩政上の問題が関係していると考えられよう。

(37) 寛政七年には「城下三町」は助郷村であるが、往還を通行する武家や一般旅行者が休むなどし、宿益となる金銭が

「城下三町」の利益となっていること、絹をはじめ多様な商売が展開されている点、立地的に近在の村々が近いため、産物が集まりやすく売買に適しており、その結果安中宿の利益は少なく困窮したと訴えている（小嶋前掲註（14）論文）。このような背景から、安中宿は他の「城下三町」と協力するようになったとも考えられる。

〔付記〕　本稿で使用した史料の閲覧については、安中市学習の森ふるさと学習館の皆様に大変お世話になりました。記して感謝申し上げます。また、本稿校正中に、丹治健蔵『近世東国の人馬継立と休泊負担』（岩田書院、二〇一八年七月）が刊行された。同書には「中山道安中宿本陣休泊者負担金一覧表」が掲載され、前田家を含むすべての休泊者が一覧にまとめられており参考になるが、今回は活用できなかった。

献上品	下賜金	備考
鮎・柿・なし	金２両１分	
あゆ・玉子箱	２両２分／上下一具	計 81 人
(記載なし)	(記載なし)	上下 32 人内４人与力衆
受納なし	金 200 疋	下宿２軒
焼大鮎７・初たけ５本	金 300 疋	
		荷物７駄・指物９指・長持６本、宰領へ覚を内蔵助が作成
塩鮎 20　内蔵助 かんぴゃう１折　冨八郎	銀子５枚　内蔵助 金 200 疋　冨八郎	
鯛１枚　内蔵助 同１枚　留八	白銀３枚　(内蔵助カ) 金 200 疋　留八	
(記載なし)	(記載なし)	
干いか　内蔵助 かんぴゃう１把　留八	白銀５枚 金 200 疋　留八	
(記載なし)	(1 人 150 文、食事１人 60 文)	通し人足 29 人・奉行９人
塩鯛・まんぢう２重・とぜう１鉢	金１両２分	家老横山蔵人
(記載なし)	10 人の内４人が 100 文、ほかは 150 文	
餅一組・鮎 10・くいな３羽	1000 疋	
(記載なし)	(記載なし)	奉行衆６人金壱分、付人４人 150 文
竹子５本・山ノいも２本・茶菓子２重	(金２両・薪代 300 疋・米代１分 510 文)	御紋付帷子弐端
あゆ 15・いんげんふろう３把・まんぢう２重	金１両３分(他に麻上下２具)米代 930 文	
鯛１枚・わらび５把・まんちう２重	金１両・薪代 200 疋	
玉子箱・わらび５把	銀２枚	
(記載なし)	11 人の内５人 100 文づつ・他は金 100 疋	御差物９棹、御荷物７太、御道具７包、弁当持ち
(記載なし)	10 人の内６人(奉行) 100 疋・４人は 500 文	前田時次郎様、加賀守様ニ被成御成御入部
下野尻村餅 15 個一重	８人中４人 800 文・他 500 文	深谷ヨリ松井田御泊の記載あり
まんじゆう２重・１重９つづつ	(記載なし)	
下野尻村餅 15 個一重、酒１升・玉子 10 づつ内蔵助持参	10 人の内４人は 100 文・他は１貫 200 文(他に御荷物代 600 文)	御指物 11 棹、御荷物７太、御道具６包
玉子 15	25 疋、干菓子１袋(200 文分)	玉子ハ御立もの故御受納なし
まんぢう２重	(記載なし)	受納なし

表　安中宿「休泊帳」にみる前田家関係者

	No.	年月日	通行者	役職	行き帰り	利用の形態
休泊帳A	1	享保7(1722)9.27	津田玄馬父子	家老	行き	御泊
	2	享保13(1728)9.3	横山大和守	家老	——	御泊
	3	享保14(1729)3	加賀中将様御金壱駄	——	——	御泊
	4	享保14(1729)8.9	前田将監	御留守居	行き	御通り
	5	享保18(1733)8.21	前田修理	家老	帰り	御休
	6	元文2(1737)9.6	加賀守様御荷物	——	——	御泊
	7	元文3(1738)7.15	松平加賀守(吉徳)	藩主	行き	中休
	8	元文5(1740)7.15	松平加賀守(吉徳)	藩主	帰り	中休
	9	元文5(1740)10.8	松平加賀守御姫様	姫君	——	御泊
休泊帳B	10	寛保2(1742)7.22	加賀宰相(吉徳)	藩主	帰り	中休(荷物は泊り)
	11	延享元(1744)4.8	松平加賀守御荷	——	——	御泊
	12	延享2(1745)8.24	松平加賀守御荷物	(家老)	行き	御泊
	13	延享4(1747)4.27	加州様御荷物	——	行き	御泊
	14	延享5(1748)6.24	前田八十五郎	——	帰り	御休
	15	寛延3(1750)8.13	松平加賀守御荷物	——	——	御泊
	16	宝暦3(1753)5.23	横山求馬	家老	帰り	御泊
	17	宝暦3(1753)6.16	横山求馬	家老	——	御休
	18	宝暦8(1758)3.26	横山山城守	家老	——	御休
	19	明和3(1766)4.3	松平加賀守(重教)	藩主	行き	急に御小休
	20	明和6(1769)5.8	加州様御荷物	——	——	(御泊)
	21	明和8(1771)8.8	加州様御荷物	——	行き	(御泊)
	22	安永2(1773)8.3	加州様御荷物	——	行き	(御休)
	23	安永5(1776)3.17	加州様御女中	——	——	御泊
	24	安永6(1777)4.13	加州様御荷物	——	——	(御泊)
休泊帳C	25	安永9(1780)7.10	伴八矢	家老	行き	松井田泊
	26	天明元(1781)4.12	前田弥助	御用人	——	(記載なし)

なし	なし	六人仕出し、壱人ニ付百文宛茶代共壱〆門被差置候
まんぢう 2 重	(記載なし)	御差添山本和多次・平田半左衛門　御上下旅籠代金壱歩　本陣・脇本陣・人馬宿 1 軒利用
奉行衆江まんぢう 2 重	(御荷物代 400 文)	御指荷 8 棹、御荷物 7 駄、御道具 6 包
(記載なし)	(記載なし)	殿様松井田御泊之処、俄ニ追越御出被成、大ニ混雑いたし候
餅菓子 2 重 45	(記載なし)	

No.25～31 が安永 7 年「休泊帳」。「—」は記載なし。

27	天明元（1781）6．9	加州様御女中	女中	──	御昼休
28	天明７（1787）3．15	一宿下リ御荷物	──	──	（宿泊ヵ）
29	寛政４（1792）3．15	一宿下御荷物	──	──	御泊
30	寛政５（1793）5．15	加州様御若殿	──	行き	（記載なし）
31	寛政５（1793）9．19	御姫君様	──	──	御中休

出典：No.1～9が享保７年～寛保元年「休泊帳」、No.10～24が寛保元年～安永７年「休泊帳」、

葬式と赤飯
―石川県と群馬県の事例から―

板橋　春夫

問題の所在

葬式の赤飯との出合いは偶然であった。私が勤めていた伊勢崎市史編さん室時代に遡る。昭和五十九年（一九八四）の秋、小暮家文書の目録作業中に近世部会の先生から質問された。私は古文書の中にくずし字「行器」を見て、すぐに「ほかいですね」と回答したところ、先生は、私がホカイと読めたことを誉めながら「器に一体何を入れていたんだろう」と質問を続けた。私は、中身は米であろうと答え、葬式には隣の垣根から米俵が飛ぶという事例を紹介したことを覚えている。その中身は何だろうと気になりだして、探索の作業を続けることになった。当該文書だけでは行器の中身は想像の域を出ないので、県内郷土誌を調べてみることにした。すると思いがけないことが判明した。本稿は、既に発表してきた論考を紐解きながら、石川県と群馬県の史料と民俗資料の活用を通して、葬式における赤飯利用における習俗の変化変容のあり方を再考してみたい。

一　行器の中身

市史編さん室で作成した原本複製の『上野国伊勢崎郷土誌』(明治四十三年)を紐解くと、「葬式当夜、親戚知人近隣の者相集り、仏前に於て念仏会を営むの習慣あり。而して此の時念仏玉と称して、昔は赤飯又は牡丹餅又は饅頭を、会者は勿論、門前に集まれる多数の小供等に与へて、供養となすの風ありしが、此の風も撒銭と同様次第に慈善事業、公共事業等に寄付するの美風を生ずるに至れり」と記されていた[伊勢崎尋常高等小学校　一九一〇　一七三]。明治四十三年(一九一〇)時点で昔ということであるが、葬式当日に赤飯・ぼた餅・饅頭のいずれかが念仏玉として配られていた。この記事のおかげで、行器《ほかい》の中身は、赤飯・ぼた餅・饅頭のいずれかであることがわかった。

さらに昭和十一年(一九三六)『茂呂村郷土誌』をみると、「葬式の当日又は其の翌日、七日供養の法事を営み、其夜念仏供養を行ひ、併せて念仏玉を施与した例等あったが、近年に至り念仏玉の例は漸次廃絶して来た。昔の念仏玉としては親戚から贈られた赤飯を用ひたが、今日では大概饅頭の類を以て之に代用するやうになった」とある[茂呂尋常小学校編　一九三六]。茂呂村は伊勢崎町に隣接し、昭和十五年に、茂呂村と伊勢崎町、そして殖蓮村の一町二村が合併して伊勢崎市となっている。当時、茂呂村は伊勢崎町の郊外農村で伊勢崎織物の機場地域でもあり、習俗的に類似した地域と考えてよいだろう。伊勢崎町と茂呂村の記録には行器という用語は出てこなかった。その後、群馬県内の民俗誌や自治体史誌を検索すると、行器は赤飯とセットで出てくるのであった。たとえば次のような事例である。

○利根郡片品村

おじ、おい位までの縁の近い人は赤飯を三本脚の櫃(ホケーともいう)に入れてもってくる。もってこないときはヒツ代として香奠のほかに包金をする。これを食べる人は施主の親類、僧侶、帳場の人である。［片品村史編纂委員会編　一九六三　六六〇］

〇勢多郡横野村（現渋川市赤城町）

葬式の当日、近親が赤飯をふかして「ホケイ」に入れて持つてくる。この赤飯は会葬者に出す。この時は竹で新しくこしらえた箸で食べる。［横野村誌編さん委員会編　一九五六　一一四四］

〇勢多郡北橘村（現渋川市北橘町）

昔は近親者が、赤くないおこわをふかしてホケに入れて葬式の家へ背負って行った。［群馬県教育委員会編　一九六八　二一四］

〇前橋市田口町

六十歳以上の葬式の時は、本膳の時に赤飯をつける。親戚にもくばった。また、仲人をした子がホカイに赤飯をもってきた。餅米をつめてもってきた人もいる。棺箱のそばにホカイがたくさん並ぶと、仲人の多い、人徳のある人と言った。［前橋市教育委員会編　一九八九　三三六］

〇太田市

近い親戚の人が、念仏玉とて赤飯をホカイにいれて一駄持ってきた。［太田市編　一九八四　三五〇］

わずか五例であるが、葬式に近親者が赤飯を持参する慣行を認めることができる。その赤飯は行器に入れて到来する。ただし、前橋市田口町では糯米の場合もあるという。行器の中身は米であろうと答えた私の回答は、必ずしも間違いではなかった。群馬県内の葬送儀礼の報告では、器について触れた事例は少ないが、この五例だけでも十分に葬式の赤飯は行器に入れて到来されることが理解できるであろう。持参する人は喪家に対して身近な人であると報告されるし、前橋市田口町のようにたくさん並ぶと人徳があると伝承され、行器の数は一つや二つではなさそうである。葬式の赤飯は食べる人を限定する地域もあるが、群馬県では会葬者全員が念仏玉として食べる地域が多い。まず、ここで初めて、行器の中身は赤飯であったと言えることになった。

二　吉事と凶事の赤飯

葬送儀礼では、死者に供する枕飯や枕団子をはじめ、野辺送り前後に用いる味噌や塩、四十九日の食い別れに用いる餅など、さまざまな食物が用いられるが、葬式に際して赤飯を食べる習俗が各地に伝わる。文化庁編『日本民俗地図Ⅶ』を分析した結果、全国一三六六調査地点のうち一五一地点で、葬式に赤飯・小豆飯を使用していたことが判明した〔板橋　二〇〇二　一六六〕。葬式における赤飯は少数派と認識する人が多いが、この数字は決して少数派ではないし特殊ではないことを教えてくれる。屋代弘賢の問状に対する「諸国風俗問状・陸奥国信夫郡伊達郡答書」文化十二年（一八一五）に「懇意・近隣・町内七日の内香典持参。大方はせず。其外香・まんぢう様々。女は別の赤飯持参」〔平山敏治郎ほか編　一九六九　四七六〕とあるように、かつては普通にみられた慣行であった。

赤飯は、糯米に小豆を混ぜてセイロで蒸かした赤色の飯で、祭礼、通過儀礼、年中行事などのあらゆる場面で使われるが、現代社会では入学式、快気祝い、就職祝いなどの節目に用いられる祝祭食品とされる。このイメージのためか赤飯は慶事の食物と認識されている。しかし、実際には葬式に赤飯は使用されていた。赤飯を慶事の食物と認識する人びとにとっては、葬式に出される赤飯は大変奇異に映り違和感を覚える。しかし、葬式に赤飯を用いるのが当たり前であった人びとは、葬式に赤飯が出て驚かれたり、非難されたりすることに当惑するであろう。ここには多数派と少数派、あるいは常識観の問題が内在しているのである。

〈赤飯＝吉事〉という思考が常識になった現代社会は、葬式に赤飯を使用することが奇異にみえる社会である。〈赤飯＝吉事〉という枠組みしか持たない現代人は、凶事に赤飯を使用することへの違和感は大きい。全国各地の民俗事例の中で注目したいのは、赤飯の色を気にする例が比較的多いことである。色を付けないコワメシ（強飯）を作るようになるのは近代の変化であると考えられる。これについて鎌田久子は次のような指摘をした。

こわめしといいながら、黒豆を使用する地域が点在することである。赤飯の赤い色を吉事と意識してくると、それに対応して黒あるいは葬送儀礼に黒い衣服をまとうことが一般化されると、それに誘導されて黒豆が登場してきたとは考えられないであろうか。こわめしは、古い食法であり、これが葬送儀礼にあることは、凶事故に古風が残るという素朴な考え方でよいと思うが、豆の色の変化は、その根底に日本人の色彩観の変遷があるのではないかと思う。［鎌田　一九九〇　六］

吉事の赤飯と区別するために黒豆を入れるのは、葬式に黒を用いるようになってからの変化であると鎌田は推測した。鎌田は『磐田の民俗』において、黒の喪服が普及する過程をていねいに記述し、第二次世界大戦の影響が大きかったことを指摘している［磐田市誌編纂委員会　一九八四　三一五］。鎌田も論じるように、葬式に黒の喪服を着るようになったのは比較的新しい。明治大正期の古写真には、白いかぶりものをした婦人や、白装束の着物を着た婦人を見ることが多い。大正から昭和にかけて黒の喪服が流行したが、その流行とともに赤飯の中に黒い豆を入れたりする変化が生じたのだろうか。群馬県の赤城山西麓地域では、赤飯のことをオコワあるいはカテメシなどと呼ぶ。同じ呼称のオコワであるが、葬式のオコワは小豆の代わりにインゲン豆を入れている。まさに〈赤色の強飯＝吉事〉と〈非赤色の強飯＝凶事〉を意識して使い分けているのである［都丸　一九九七　二三二］。

また、「祝儀」と「不祝儀」という用語も、再考が必要であろう。葬式は「不祝儀」という。少なくとも「祝儀ではない」という意味合いであったが、いつの間にかその用語に負のイメージが付くようになった。その結果、葬式における赤飯の民俗にも少しずつ変化が生じ、葬式における赤飯と祝儀における赤飯の区別化が大きく進んできた。それをさらに細かくみると、①葬式に赤飯を用いる地域では、葬式の場合は祝儀と比べて赤飯の色を薄くする。②小豆の代わりに黒豆やインゲン豆を用いる、という変化がみられる。これは〈赤色＝吉事〉に対して〈黒色・非赤色≠吉事〉という考えが根底にあるからであろう。

三　長寿者の葬式と赤飯の関係

長寿者の葬式では「長生きをしたんだから赤飯でも炊こう」とか「長寿のときは赤飯を炊くものだそうだ」などといわれる。死の悲しさがほとんど漂わず、明るいさらっとした葬式となる。そこで〈長寿＝お祝い〉となり、〈お祝い〉ならば〈赤飯〉を連想する。この発想は、お祝いには赤飯を用いるべきであるという暗黙の理解が存在することを教えている。葬式と赤飯の組み合わせを奇異なものであると考える人であっても、〈長寿〉を媒体にすれば〈葬式＝赤飯〉の関係は条件付きに受け入れが可能である。しかし、たとえ長寿者であっても、葬式に赤飯を用いるのは不謹慎であると憤る人もいるであろう。そういう人にとっては、葬式とは厳粛なもので悲しむべきもの、したがって凶のイメージ、暗いもの、という感覚で理解される。その結果、赤飯は、お祝いに限定して用いるものであり葬式に用いるべきではない、という先入観が無意識のうちに支配することになる。

ここで、本来は葬式に赤飯を用いるべきであるとして、子どもが死んでも老人が死んでも赤飯を用いていた地域があると仮定してみる。そのような地域では、葬式の赤飯はごく当たり前である。むしろ赤飯を使わないほうが異常となるであろう。ところが、祭りや結婚式などの晴れ晴れしい場面で用いられる赤飯の印象が強くなってしまった結果、葬式に赤飯を用いることに対し、次第に違和感を感じる人が増えてくる。学問上では葬式もハレであるかもしれないが、民間の人びとは葬式をハレとは感じていない。ハレの意識が変化したと想像できる。そうすると、赤飯はお祝いの場面だけに用いられ、当然葬式には用いられなくなってくる。しかし、長寿者の葬式だけは赤飯の持つ印象に違和感をさほど感じなかったので習俗として残ることになったと考えることができる。

〈葬式≠赤飯〉という多数派の思考が存在しても、長寿者の葬式だけは〈お祝い＝赤飯〉の印象から赤飯を配る習俗が地域によっては残存し、葬式の赤飯は限定された習俗として命脈を保つのである。それがいつの間にか長寿者の場合も忘れ去られ、言葉だけが残る。そういった段階的変遷が推測できる。長寿者の赤飯が話題にのぼる地域は、かつては葬式に赤飯を用いていた地域という推測が成り立つ。現在も葬式に赤飯を用いている地域であっても、赤色を薄くしたり、黒豆を入れたり、インゲン豆を使用し、吉事に用いる赤飯と区別している事例が散見する。そして将来は習俗の画一化が進み、葬式に赤飯を用いるのはおかしいという思考が支配的になってくるかもしれない。

四　柳田國男の赤飯観と赤飯の本質

『稲の日本史』は対談を中心とした本だが、その中で、安藤広太郎が日本の赤飯と赤米の関係について、柳田國男に質問したところ、柳田は「赤いごぜんを食べるというのは何か儀式に集まるときで、所によると不幸のときにも炊くのです。それはほんの限地的ですけれども、秋田県なんかお盆に炊きます。葬式法事の終わりに炊く。そういうように、何かこの日からきちんと心の持ち方をかえなければならないときに、小豆を使っておる」［柳田ほか　一九六九　一一七］と答え、葬式に赤飯を用いるのは心の持ち方を変えるためであり、そのために小豆を使用するのは重要な意味があるという。柳田は、葬式に赤飯を用いるのは「限地的」と認識した。現在の研究水準では、この習俗は限地的でなく、全国各地で広く行われていることが判明している。柳田は、この『稲の日本史』の対談中において、重要な見解を述べることになる。それは次のようなものである。

私の仮定では、あれは豆が入用なのではない。赤い色が入用だった。現在でも小豆を食べる日をずっと当ってみると、必らずしも祭の日とはいえないけれども、日本では物忌みをして、潔斎に入る日と、ふだんの生活にもどる日の境目を、この赤い食物によって意識させようとしております。潔斎に入ったら、今までしておったことを皆やめる。そうして異常な精神状態が神祭の前何日、また後何日の間続けられる。その時点の重要さを自ら印象づけるために、小豆または赤飯の赤色が使われたとみるよりほかはないのであります。最近までも小豆を食事に供するのはそういう時ばかりでした。［柳田ほか　一九六九］

そして、柳田國男は古希を迎えたときの話題提供の一つである「知りたいと思うこと二三」の中でも、潔斎の前後における赤色の持つ意義を述べている［柳田　一九五一］。

赤飯の贈答者をみていくと、最も忌みがかかるとされる近親者が作って持参している。親の死に対して子が持って来るという具合である。赤飯を食べる時期に注目すると、通夜あるいは野辺送りの直前という事例が東北地方に多い。しかも青森・秋田・山形の諸県では、チカラガユと称する小豆飯が作られ、団子と一緒に食べる。チカラガユという名をはじめ、力をつける団子を一緒に食べるのは、出棺に先だって力をつけることに主眼があったと考えられる。新潟県の事例では何度も赤飯を食べているが、これは忌みの解除のためと考えるより、むしろ力をつけるために何度も食べると考えたほうが辻褄が合う。

現在も葬式に赤飯を使用する地域では、葬式における赤飯の赤色を薄くする傾向にある。富山県や新潟県のように黒豆やインゲン豆を使用する地域もあるが、これらの地域では当初から黒豆を使用したのか不明である。かつて全国各地で葬式に赤飯が何の違和感なく使われていた。しかし、近代以降の色彩感覚の変化とともに葬式の赤飯に対する疑義が生じ、その結果として地域性ともみられる偏差が生じたと考えられる。人びとの赤飯観の変化で特徴的なことは、葬式における赤飯と慶事における赤飯の区別化が近代化の中で急速に進んだと推定されることであろう。

五　石川県の葬式における赤飯・赤まま・ミタマ

1　葬式当日の赤飯

金沢市大河端町の宮本家文書の文化二年（一八〇五）の「御香典帳」に「せきハん」の文字が九か所出てくる。八五件の到来物のうち、九件が赤飯である。そのほかは酒、醤油、豆腐、蠟燭、お茶、そして金銭である。七割以上は金銭であるが、赤飯は書き記される最初のほうに集中している。到来者は近親者と推測される。宮本家は肝煎の家柄である。高堀伊津子の解説によると、「赤飯は、当時、慶弔にかかわらず普段と違う特別な日、の意味で贈られている。この慣行は戦後も森本地区の一部などで見られた」とある［金沢市史編さん委員会編　二〇〇三　五二六］。同じ宮本家が所有していた、明治七年（一八七四）の「御悔丼御香奠帳」（金沢市立玉川図書館近世資料館、宮本家文書）をみると、「目玉」「ミ玉」「め玉」の文字が目に付く。「赤飯」はわずか三例である。みたまと赤飯は同じものである。

民俗学者の小林忠雄は、美川町湊で天明・天保期の香典帳に「赤まま〇重」の記載をみている。さらにそれが嘉永年間になると「みたま〇重」の表現に変わることを指摘した［小林　二〇〇〇　一七～一八］。小林の指摘によれば、「赤まま」から「みたま」の用語に変化していて、それは時代の変化ということである。宮本家の香典帳でも「赤飯」から「ミ玉」「め玉」に変化している。赤飯は小豆を用いるが、ミタマは糯米と黒豆で作る。法事や上棟祝いの際にミタマが用いられる。赤が火につながるので忌避するようである。変化をきちんと追えるだけの資料はないが、幕末から明治にかけて何らかの名称変化が起こったと推測できる。その要因は不明である。

石川県鳳至郡門前町内保伏坂（現輪島市）は二〇戸ほどの集落で、半数は同町劔地の光琳寺（浄土真宗）の檀家である。死者が出ると、近くに住む親戚に餅米四升と小豆一升の「五升櫃」を頼む。お参りの人数に応じて櫃の数は決めるが、たいてい二櫃あれば間に合った。赤飯は少し余るくらいのほうがよいといわれる。五升櫃はどの家にもあり、頼まれた家は赤飯を蒸かして朝早く喪家の台所へ届ける。返すときには「櫃の実」といって少し赤飯を残しておくものであった。現在はオンジキ（御食）のお菓子を入れたり、香典返しの砂糖を付けて夕方には返した。

門前町では、平成八年（一九九六）ごろに変化が生じてきた。赤飯を蒸かす業者が出てきたのである。喪家から頼まれた親戚が自分で赤飯を蒸かさず、業者に注文してしまうのである。火葬場に行って帰ると喪家で御膳に赤飯がつく。輪島塗の椀に赤飯が盛られているが、ごま塩は付かない。あらかじめ塩味がつけてある。この地域の人びとは、「その人の一代が終わるからめでたい」といって赤飯を使用してきた。門前町保伏坂では業者から赤飯を買ってでも赤飯贈答習俗を維持してきたが、赤飯の習俗は記憶の中のことになりつつある。

2　中陰見舞いの赤飯

次に紹介するのは中陰、即ち死後四十九日の供養の際に用いる赤飯である。史料を所蔵していた伊藤家は、能登半島の西北端に位置する門前町館分《たちぶん》にあり、江戸時代は加賀藩十村役を務めた家柄である。香典帳類は一六点あるが、藩主の逝去御触留なども含まれるので、伊藤家としての香典帳の点数は少なく、宝暦十年（一七六〇）、安永四年（一七七五）、天明六年（一七八六）、寛政五年（一七九三）、文化七年（一八一〇）、文政二年（一八一九）、天保十五年（一八四四）の七冊が残る（史料1～史料5）。いずれの香典帳も葬式当日の記録に赤飯の記載は見られず、中陰見舞いに初めて赤飯が登場する。この中陰であるが、死後四十九日目をさす場合が多いが、石川県では初七日のことをさす場合もあるようである。持参者を見ていくと、同一人からと思われ、一定の家が決まっていたと推測できる。問題は、現行習俗では葬式当日に赤飯の到来が認められるのに、江戸時代の記録では葬式当日は到来せずに、中陰見舞いに赤飯が用いられている。

六　赤飯の記憶忘却と香典帳―群馬県の事例―

私は平成十九年（二〇〇七）に群馬県伊勢崎市境島村《さかいしまむら》で、葬式に赤飯を用いる事例を尋ねたところ、居合わせた人は私の質問に不快感を示した。文書を所有する家人は、箱に入った祝儀不祝儀帳一式を私に持って来てくれた。不祝儀帳をめくっていくと、赤飯の文字が飛び込んできた。居合わせた人たちに赤飯の部分を示すと、彼らは目を白黒させた。島村に生まれ育った七十代の人たちは、葬式に赤飯を用いる習俗を誰ひとり知らなかった。祝いのイメージの強い赤飯を不祝儀に使うのはけしからんという顔つきであったが、赤飯の文字を見たカルチャーショックは大きく、古文書の箱はまるで浦島太郎の玉手箱であった。

その香典帳は史料6である。縦帳で、表紙に「明治三年七月五日、心蓮院寿翁酒祐居士葬式入用帳、香典請納覚帳」と墨書され、中身は死亡した人の死亡時刻や招待者の氏名、食事関係などが詳細に書かれる。それによると、六月四日に死亡したので、翌五日に葬式の準備をし、六日には出棺をした。七月一日に道場を張り、八日に道場払いをした。その際に念仏玉の赤飯を一個ずつ配ったことが書かれ、配布先がていねいに記録してある。この赤飯は近しい親戚から贈られたこともわかる。もちろん、記事から明らかなように葬式当日ではないが、葬式後の一連の供養で赤飯が用いられたということである。これが葬式の赤飯という範疇になっている。平成十年代には誰も知らなくなっている葬式における赤飯習俗は、明治三年(一八七〇)の時点では行われていたのである。

まとめ

赤飯は餅米に小豆を混ぜてセイロで蒸かした赤色の飯である。強飯・オコワとも呼ばれる。誕生祝い・初誕生・七五三・成人式・結婚式など人生の節目には赤飯が付き物で、一般にハレの食品と考えられている。また、祭礼や年中行事に用いられる赤飯は豊饒感謝の祝祭食品となっている。関東地方では、葬式当日の念仏で赤飯が用いられ、神奈川県・長野県にも類例があり、福島県や山形県では白強飯が用いられた。葬式や年忌に赤飯を使う地域は全国各地に点在するが、概ね東日本では葬式当日、西日本では年忌供養に赤飯が使われる。赤飯を葬式や年忌に使用するのは、忌み明けを象徴するにふさわしい食品と考えられている。

赤飯の贈答者をみていくと、最も忌みがかかるとされる近親者が作って持参している。親の死に対して子が持って来るという具合である。赤飯を食べる時期に注目すると、通夜あるいは野辺送りの直前という事例が東北地方に多い。しかも青森・秋田・山形の諸県では、チカラガユと称する小豆飯を作り、団子と一緒に食べる。チカラガユという名をはじめ、力をつける団子を一緒に食べるのは、出棺に先だって力をつけることに主眼があったと考えられる。新潟県の事例では何度も赤飯を食べているが、これは忌みの解除のためと考えるより、むしろ力をつけるために何度も食べると考えたほうが辻褄が合う。

現在も葬式に赤飯を使用する地域は、赤飯の赤色を薄くする傾向にある。福井県や富山県、そして新潟県のように、黒豆やインゲン豆を使用する地域もある。これらの地域で黒豆の由来の詳細は不明である。かつて全国各地の葬式に赤飯が違和感なく用いられたが、近代以降の色彩感覚の変化の中で葬式の赤飯に疑義が生じ、その結果として若干の地域差がみられると考えておきたい。

かつて葬式の赤飯に関する論文を執筆していた時期に、石川県の木越祐馨氏から能登門前の伊藤家文書をご教示いただいた。本稿は四半世紀前を思い出しながら、群馬と石川の葬式における赤飯の用い方についてまとめたものである。関東地方における群馬県の香典帳では葬式当日に赤飯が用いられている。一方、能登の香典帳では中陰見舞いとして赤飯の記録がある。石川県には、北陸地方から長野県にかけて分布する黒豆を入れた赤飯が使われている。興味深いのは、黒豆の使用は幕末期から明治初年にかけて以降である。今後の研究課題の一つになるであろう。

〔史料1〕

（表紙）

「宝暦十庚辰年

法名釈善慶香奠帳

終命七月七日　伊東喜三右衛門」

（裏表紙）

「俗名喜右衛門行年八拾九歳」

※この帳面には各地区から届いた香奠が金額と名前が載る。赤飯の記載はみられない。ほとんどがお金である。一部椎茸や素麺が贈られている。この帳面に、こより で結ばれた「中陰見舞留、辰七月七日、伊東氏」と表紙に書かれた帳面に赤飯の記載がみられる。赤飯の記載だけを抜き出してみると次のようになる。

一　赤飯一櫃　　剱地　彦兵衛殿

　　　　　　　千代

一　赤飯弐櫃　　半兵衛殿

一　赤飯一ひつ　南次右衛門

一　赤飯一ひつ　剱地与右衛門

※四九の到来品のうち、赤飯はわずか四軒から届いているだけで、合計五櫃となっている。

〔史料2〕

（表紙）

「安永四乙未五月十九日終命

法名釈善秀香奠帳

行年六拾四歳俗名伊藤喜三右衛門祐重」

※この帳面には香奠の金額記録だけで、赤飯の記載はない。一緒に綴じ込まれた次の帳面に赤飯の記載がある。赤飯部分を抜き出すと次の十二軒から到来している。

（表紙）

「安永四乙未五月十九日

善秀様善秀中陰見舞留

伊藤氏」
一　赤飯四重　星野弥太左衛門(門中)
劔地
一　赤飯五重　与右衛門
同
一　同　一櫃　清兵衛
馬場
一　赤飯壱櫃　谷内馬
一　赤飯壱櫃　伊藤元拍
門前こんや
一　同五重　助三郎
劔地
一　同四重　孫左衛門
同
一　同壱櫃　伝吉
たち(館村)
一　赤飯壱櫃　次郎兵衛
劔地

一　同断　彦兵衛
山是清
一　同四重　与四兵衛
山ノいも弐把
大角間
一　赤飯壱櫃　次郎兵衛

〔史料3〕
(表紙)
「寛政五年癸丑五月終命　行年拾二歳
法号釈法蓮賻中陰見廻幷御布施諸入用
文化二年十月十三日
洞水香奠帳一集ニ入
行年三十六歳
伊藤氏」
一　五百銅
赤飯一櫃　常作
一　とうふ壱箱

仏供米三升
一 赤飯 壱入子 谷内馬
文化二年釈尼洞水香奠帳には
一 香代 伊藤宗清
一 御仏供米 三升
赤飯壱入子

〔史料4〕
（表紙）
「法名法蓮 伊藤祐政
亡孫伊藤千太郎祐明賻中陰
見廻幷諸入用払方留帳
寛政五年癸丑五月五日終命行年十二歳」
賻中陰見舞
一 五百銅
赤飯壱櫃 伊藤常作
仏供米三升
とうふ壱箱

一 赤飯壱入子 中屋 谷内馬

〔史料5〕
（表紙）
「文政二年己卯年閏四月六日卒去
法名義住信士賻中陰見廻幷御布施等諸事記載
八代目 伊藤喜右衛門殿享年五十八歳」
「中陰見舞」の項に
一 赤飯五重 伊藤元脩
一 同四重 輪田佐三郎
素麺三
刻こんぶ
一 赤飯四重 西屋清兵衛
一 同四重 木下屋伝吉
山是清
一 赤飯壱櫃 与四兵衛
山いも弐把
料理三十

（表紙）

「法名貞圓行年弐十四歳

藤原栄子香典中陰見舞帳留

天保十五年甲辰八月十七日午刻終命」

一　赤飯四重　竹屋市右衛門

一　赤飯五重　伝吉

一　赤飯五重　上げや

一　赤飯壱櫃　小是清

今村や

（石川県立図書館所蔵伊藤家文書）

参考文献『能登門前伊藤家文書目録』

〔史料6〕

明治三年七月五日心蓮院寿翁酒祐居士葬式入用帳

香典請納覚帳

六月四日夕方死去、翌五日葬式仕度相整、同六日八ツ時出棺、同七日一日どうじようをはる、八日どう志よう払、念仏玉ニ赤飯壱ツツ出、但し手伝人迠、右之外新のは店かりを除キ、其外者不残、流作佐太夫、嘉右衛門、庄兵衛、新地弥兵衛、林吉、武兵衛、伊右衛門、平内、鹿蔵、六之助、小三郎、郡二郎、前島弥左衛門、安太郎、市二郎、太郎平、北むか以仁左衛門、其外他村之親類迠赤飯を配る、但赤飯血洗島新戒より貰候分弐荷之外、米七斗用意いたし候処、凡壱斗分斗もあまる、葬式之間他村之御客江者生あけ壱ツもり之平、うりもみ之皿ヲ附、昼飯夕飯共出ス、其外村内者とうふの平、同さらを付、不残壱飯も出ス、とう志よう払振舞、惣人数三百人、都而買物三百人前ニ而引足申候、

（伊勢崎市境島村・栗原利成家文書）

参考文献

伊勢崎尋常高等小学校編　一九八一（一九一〇）『上野国伊勢崎郷土誌』　伊勢崎郷土文化協会
板橋　春夫　一九九〇「近世後期における葬式と赤飯・饅頭—佐位郡大田村の事例を中心に—」『伊勢崎市史研究』八号　群馬県伊勢崎市（のち、『葬式と赤飯—民俗文化を読む—』煥乎堂、一九九五に所収）
板橋　春夫　二〇〇〇「長寿のあやかり—赤飯・長寿銭の習俗—」　宮田登・森謙二・網野房子編『老熟の力—豊かな〈老い〉を求めて—』　早稲田大学出版部
板橋　春夫　二〇〇二「葬儀と食物—赤飯から饅頭へ—」『葬儀と墓の現在—民俗の変容—』　吉川弘文館
磐田市誌編纂委員会編　一九八四『磐田の民俗』　磐田市
太 田 市 編　一九八四『太田市史通史編民俗上』　太田市
金沢市史編さん委員会編　二〇〇三『金沢市史資料編10近世八』　金沢市
片品村史編纂委員会編　一九六三『片品村史』　群馬県片品村
鎌田　久子　一九九〇「斎日の飯」『女性と経験』一五号　女性民俗学研究会
群馬県教育委員会編　一九六八『北橘村の民俗』　群馬県教育委員会
小林　忠雄　二〇〇〇『江戸・東京はどんな色—色彩表現を読む—』　教育出版
都丸十九一　一九九七『上州歳時記』　広報社
平山敏治郎ほか編　一九六九『日本庶民生活史料集成』九巻　三一書房
文 化 庁 編　一九八〇『日本民俗地図』七巻（葬制・墓制）　国土地理協会
前橋市教育委員会編　一九八九『赤城南麓の民俗—芳賀・南橘・桂萱地区—』　前橋市教育委員会

茂呂尋常小学校編　一九三六　『郷土調査』　茂呂尋常小学校
柳田國男ほか　一九六九　『稲の日本史』上　筑摩書房
柳田　國男　一九五一　「知りたいと思うこと二三」『民間伝承』一五巻七号　民間伝承の会
横野村誌編さん委員会編　一九五六　『横野村誌』　横野村誌編さん委員会

〔付記〕今回の共同例会に参加していた高堀伊津子さんから香典帳の赤飯記述に関して貴重な資料の提供を受けた。ここに記してお礼申し上げる。共同例会の交流の成果でもあると思う。

医療民俗学の創設
―根岸謙之助と長岡博男の業績から―

鈴木　英恵

問題の所在

本稿は、医療民俗学の創設に関わった長岡博男《ながおかひろお》（一九〇七～一九七〇）と根岸謙之助《ねぎしけんのすけ》（一九二五～一九九五）の業績に注目する。根岸謙之助は群馬県で民俗調査を進め、俗信を民間医療の技術伝承と捉え、「医療民俗学」という論を生み出した［根岸　一九九一］。一方、石川県金沢市の眼科医であった長岡博男は、人びとの文化構造から病いの研究方法を発表した。長岡は、昭和六年（一九三一）から柳田國男と学問的交流を重ね、前近代の病名や医療的行為の研究から、人びとの病理観を抽出し、これを「民間医療」と呼んだ［長岡　一九六四］。

医療民俗学は医療そのものを研究対象とするのではなく、人びとの生活に密着した医療習俗のあり方を問題にする。病いをめぐる人びとの病理観と、世代を超えて知識として成り立った病い治癒の方法をみていきたい。まず、民俗学の中で医療がどのように調査研究されてきたのかを確認する。そして医療分野を位置づけた根岸謙之助と長岡博男の研究法の特徴を示し、医療民俗学が創設するまでの道筋を描き出すことを目的とする。

一　民俗学における病いの研究

わが国の医療制度の始まりは、明治七年(一八七四)の医制施行にある。医制公布の背景には、明治政府が近代国家形成のために、本格的に西洋医学を日本に導入したことがあげられる。明治政府は明治四年から明治六年にかけて、条約改正の交渉と西洋の文明、制度の調査を目的に、岩倉具視使節団を組織し、アメリカ・イギリス・オランダ・ドイツなどの国々を視察させた。このとき医学・医療分野の調査にあたったのは、長与専斎であった。長与が最も関心を寄せたのは、諸外国の衛生行政と公衆衛生の取り組みであった。当時、日本では全国的に伝染病が流行し、さらには不良薬品が横行する実態があった。帰国後に文部省医務局長に就任した長与は、ただちに衛生行政機関を整える必要を明示した。ここで初めて西洋医学に基づく医学教育が確立し、医師の開業制度、医薬分業の薬事制度が樹立した[新村　二〇〇六　二二五～二二八]。明治初期に医制が施行されたが、医療や衛生に関する制度が人びとの生活に定着するまでにはさらに時間を費やすことになる。人は、病いにかかると民間に伝承する治癒法を実践し、医師の診療を受けることは滅多になかった。急病や危篤状態になってはじめて医師に診てもらう人が少なくなかった[板橋　二〇一〇　一五八～一六三]。

民間医療を最も早く特集した雑誌は、昭和十年(一九三五)発行の『旅と伝説』第八年十二号「民間療法号」であり、全国各地の病いの治癒方法が報告される。病いでは風邪・腹痛・歯痛・眼病を治す民間療法のほか、身体の部位別にみた怪我の治療を紹介している。本稿で取り上げている長岡博男も、ここで麦粒腫の方言を都道府県および市町村別に一覧を作成し発表している[長岡　一九三五]。長岡は眼科医の傍ら、石川県内を中心に年中行事や民俗芸能のほか、民間医療に関する研究をしていた。長岡のように、民俗学を研究する医師は全国各地にいた[1]。

1　民俗学確立期にみる医療の調査研究

柳田國男を中心に、郷土生活研究所が昭和九年（一九三四）五月に開始した山村生活の研究[2]では、調査者が「山村生活調査項目」の一〇〇の質問に沿って土地の古老から話を聞いた。九三番目が病いに関する質問項目で、「九三　病気の祈禱　病気その他の災難を除く為の呪法、祈禱」［柳田國男編　一九三七　五六一］とあり、ここでは、眼には見えない病いを、当時の人びとが祈禱と災厄で退いた呪的方法を調査対象としていたことがわかる。また、最後の一〇〇番目に「一〇〇　幸福な家　仕合わせよき人や家の話」［同　五六二］がある。この質問では生活文化を軸に、人が幸福だと感じる基準を捉えようとしていることがわかる。

生活の基本は衣食住であるが、病いに関して言えば、正常な身体で健康であることが望まれる。柳田は『郷土生活の研究法』で民俗資料三分類案（有形文化・言語芸術・心意現象）を提示し、心意現象のなかで病いについて取り上げている。病いの治癒を願い、身体から災いを除こうと実践したことが生きていく上の生活技術として成り立った。そこには、健康な身体を取り戻し、より良い状態にしようとする心意が表れている。柳田は麦粒腫の民間療法を取り上げ、人びとが病いを治す知識に呪術的行為の祈禱・卜占・まじないがあると指摘している。民間に伝承する病いの治療の方法を生活技術と捉えていることに、柳田の特徴がある［柳田　一九九〇　二一四〜二四四］。

民俗学において医療の研究方法とその資料範囲を提示したのは、関敬吾と大藤時彦である。関敬吾は医療に関することは、未開拓な部分のままで極めて資料が少なく一般の興味も薄いと述べている［関　一九四一 a］。昭和十六年（一九四一）発刊の『民間伝承』七巻三号では、関と大藤が医療の研究範囲を明確にすべきであると論じている。

関は、民俗学で解決していく医療の問題を、病いを治すことを目的とした従来の「民間療法」だけでなく「民間に生きている病気に対する全ての観念と物質的乃至は呪的治療法の全体を包括するものと解したい」と、人びとの病理観を明らかにすることをあげ、「常民が歴史的過程に於いて医学から、病気に対する処置をいかに学んだかではなくて、寧ろ病気やその治療に対して、彼等自身の考えに基づくいかなる観念を持っているかである」と述べている［関一九四一b　二五］。関は、病いに関する生活文化の視点から病理観を捉え直すことを強調し、日常生活を脅かす病いの存在と治療法について調査研究する必要性を述べた。これを「民間医学」と呼び、調査の項目を以下の四点にまとめた。一点目は、病名の調査記録で、病名から病いに対する人びとの古い観念を見出すことであった。二点目は、病気に対する治療法で薬物（万能薬と特定の病いに対する薬）と呪的手段（個人的手段と共同祈願）をあげている。三点目は、医師を除いた、治療を職とする治療者の家筋や階級の問題をあげた。四点目は、病気に対する人びとの観念と信仰で、病気の原因を如何に考え回復を望み、行動に移したのかには重要な問題を含んでいるとした［関　一九四一b］。

一方、大藤時彦は民俗学で扱う医療を「民間療法」と呼んだ。その研究領域を、西洋医学以前の漢方医学や和漢薬・家伝薬のほか、針灸や行者などの病いの治療を専門とする者をあげた。とくに注意するのが個人および共同での祈願で、これを精神面を補うまじないと述べた。医療に関するまじないの特徴について、治療（病気にかかった場合）と予防（病気にかからないように予め防ぐ）の二点をあげた［大藤　一九四一］。まじないは、神仏の治癒祈願とあわせて供え物や唱えごとを伴い、病気が治ると奉納物を倍にして返した。願掛けは神仏との約束を交わすことを意味し、人に教えると効力が無くなると言われた［大藤　一九四二］。

関と大藤の医療の研究対象を比較すると以下のようになる。関は、医療を民間医学と述べ、人びとの病理観を幅広く全体的に捉えて、病いに対する考えを人びとの暮らしに基づいて追究する必要性を説いたことである。大藤は、民間療法のまじないを重視した。まじないは、神仏への信仰を含む治療と予防が主で、人びとの医療に関する知識と、病いを治す生活技術を対象にしていることが読み取れる。両者の民俗学における医療の考えは、後の民俗学の研究範囲にも影響を与えた。

2　医療習俗の調査研究法とその範囲

次に、医療と民俗をめぐる記述をみていきたい。『民俗学辞典』（民俗学研究所編、一九五一年）の「民間療法」の項目は、沢田四郎作が執筆した［井之口　一九八一　一四］。沢田は民間療法の対象を、まじないによるもの、神仏に祈願するもの、草根木皮による薬物的なものと三つをあげている［沢田　一九五一］。長岡博男は、「民間医療」という用語を使って人びとの文化構造から医療のあり方を考えた。長岡は文化構造を三角形の構造として捉え、表層文化（医師の診察と近代的医療で病いを治すこと）、中層文化（針灸師や民間薬で治すこと）、基層文化（人びとが生活のなかで身につけた病いを治す方法、民間信仰や卜占）に分類した［長岡　一九六四］。長岡については次節でていねいに検討したい。

『日本民俗事典』（大塚民俗学会編、一九七二年）では、都丸十九一が「民間医療」の項目を執筆している。都丸は、長岡が『日本民俗学大系』七巻に発表した「民間医療」を参照している［長岡　一九五九］。人が病いや怪我をしたときは、本能的・自然発生的な手段の上に、経験や知識が積み重なってさらに信仰や呪術を伴うに至ったと指摘した。民間医療の範囲を、まじない、神仏に対する信仰、薬物的療法、物理的療法の四つをあげ、物理的療法に針や灸、湯治などの治療をあげている［都丸　一九七二　六九九～七〇〇］。ここでは医学によるものでなく、民間に伝承している治療法を取り上げている点に特徴がある。

民俗学で本格的に医療について考究したのは、今村充夫である。今村は、古代・中世・近世の歴史史料から、病いの治療や、病いを加持祈禱で鎮めて治す修験者、そして薬草・漢方の記述を丹念に分析し、医療と医薬史についてまとめている。あわせて、人びとの生活に根付く医療の知識と療法を「民間医療」と呼び、民間医療の地位と発想を強固にするため、長岡博男の民間医療の考えをていねい再検討し、疾病平癒や病理観の方言をはじめ巫覡・祈禱師・僧侶・修験者などの宗教者による医療活動の事例をあげている［今村　一九八三］。その後、本稿で取り上げる根岸謙之助が、俗信や迷信の一部であった医療習俗の治療法に、科学的・呪術的技術があることを指摘し、「医療民俗学」の用語で医療を技術伝承と捉えた［根岸　一九九一］。根岸は病いそのものの病理観ではなく、民間に伝承する医療技術に注目したことに特徴がある。

蛸島直は、病いが俗信の一部として研究されてきたことに注目し、民間信仰の範疇から医療を解き放ち、独立した民間医療の領域を設ける必要性を説いた(3)。『日本民俗宗教辞典』（佐々木宏幹・宮田登・山折哲雄監修、一九九八年）では、蛸島が「民間医療」の項目を執筆している。民間療法は主に治療法を意味するが、民間医療では病気の予防法や日常の衛生観念を含んだ、より幅広い病理観を明らかにすることを意味した［蛸島　一九九八　五四六～五四七］。このことから、蛸島は関の民間医学の捉え方を、より発展的にしたものといえる。

『日本民俗大辞典』下（福田アジオ・神田より子・新谷尚紀・中込睦子・湯川洋司・渡邊欣雄編、二〇〇〇年）では、「民間療法」の用語が再び登場し、これを新村拓が執筆した。民間療法は、病いの治療法の調査が基礎にあることから、医療の専門家ではなく、人びとが生み出した知恵の民間療法を重視した。また、現代の医療システムにおいて民間に伝承するまじないの要素には、精神面を補う補完的な役割の療法があると述べる［新村　二〇〇〇　六三四］。

『民俗学事典』（民俗学事典編集委員会編、二〇一四年）では「民間医療と身体」の項目を野村典彦が担当している。その内容は、絵馬を身体の部位に模して祈願の対象とする俗信や、情報メディアの影響による健康ブームに関連する食品摂取のほか、個人が長寿や美を求めることで心身の回復を願って科学的医療の施術を受けることを指摘している。身体と医療には痛みと命の直結があり、理と心の問題につながっていると述べている［野村　二〇一四　五六四～五六五］。医療は生死に結びつく問題だけでなく、可視できる身体を含めた人の内面にある精神と心意をも支えているのである。

これまでみてきたように、病いをめぐる習俗は医療技術の進歩や福祉制度の確立をはじめ、社会状況に応じて日々変化している。現在は人の精神を支える内面だけでなく、身体をめぐる医療技術や治療なども調査対象となっている。民俗学が対象とする病いは「民間療法」「民間医学」「民間医療」などの用語で説明され、その研究範囲も、治癒だけでなく健康や予防のほか、医師の施術を施すことで得られる精神安定をも問題としている。このことは生命倫理にもつながる(4)。

ここで改めて民俗学による医療習俗の調査法を確認すると、関敬吾は病理観〈病名、治療法〈薬物・まじない〉、治療者〈医師以外〉、病気の観念〉を明らかにすることを目的に「民間医学」の用語を使った。関の病理観への考えは、後に長岡博男が「民間医療」の用語で病理観を文化構造から考察したことに引き継がれている。大藤時彦は俗信を中心に、病いの治療と予防による行為を「民間療法」と呼び、民間に伝承するまじないの調査を強調し重視した。大藤の病い治癒に関するまじないの研究を発展させたのが根岸謙之助である。根岸は俗信の心意現象による医療的行為を、民俗知識の上に成り立つ技術伝承と考え、「医療民俗学」の領域を開いた。次節では、根岸謙之助と長岡博男の病理観の考えを示し、医療習俗が俗信から民間医療へと展開する道筋をみていきたい。

二　根岸謙之助による医療民俗学

根岸謙之助（一九二五～一九九五）は、群馬県利根郡糸之瀬村（現昭和村）に生まれた。根岸は、俳句や短歌・文学に興味を持ち、復員を経て昭和二十二年（一九四七）に國學院大學文学部国文学科に入学した。大学では折口信夫に師事し、万葉集をはじめとする国文学・民俗学を学んだ。同級生であった井之口章次は、根岸の実家に泊まりながら、群馬県の民俗調査をすることもあった。昭和二十五年に、県立前橋工業高等学校の教諭となった。のちに群馬大学医学部付属看護学校の非常勤講師を兼務した。そして昭和五十八年に群馬大学医療技術短期大学部教授に就任し、文学・史学の講義を担当した［板橋　一九九六］。

根岸は、郷里の利根郡糸之瀬村で聞き書きを行い、俗信には消極的な面（禁忌・兆）と積極的な面（まじない・民俗知識）があると指摘し、とくに関心を持ったのは実生活で役に立つ民俗知識であった。民俗知識は、人びとの経験が積み重なったものが伝承されるため実用性が高いといえる［根岸　一九五二］。根岸は調査で得た資料から、悪疫予防と病いの治癒、快癒など医療に関する事例を抽出した。医療には薬草や特定の食べ物を摂取することで、身体に有効な効果がみられる科学的技術と、宗教の発達が基礎にある呪術的な方法の二つの考えを提示した［根岸　一九五四］。

その後、昭和四十九年（一九七四）に群馬県史編纂調査委員に就き、『群馬県史』民俗編の民俗知識、衣、住生活などの項目を担当し、民俗知識から医療に関する事例をさらに収集した。集めた聞き書き資料を病いの治療、神仏への祈願、治療を施す宗教者などの医療習俗を分類してまとめ、新たに医療という領域を提唱した『医の民俗』を著し［根岸　一九八八］、その集大成となったのが平成三年（一九九一）に刊行した『医療民俗学論』である。医療民俗学論では、日本の医療習俗による伝承の独自性を明らかにするために、必要に応じて諸外国の事例をあげ、主に群馬県の医療に関する事例を中心に、人びとの生活文化から医療に関する習俗を抽出し、治療医学的民俗医療、予防医学的民俗医療、妊娠・出産の医療民俗学的考察、家畜医療の方法を提示した。全国各地に伝承する病い治癒の行事や習俗には医学的な医療の知識が含まれていたことを指摘し、世代を超えた人びとの経験と知恵の治療法に伝承的生活技術を見出した。民俗学に医療分野を体系化させ平成三年に第三〇回柳田賞を受賞した。

1　俗信からみた医療習俗

根岸が医療民俗学を提唱するに至った背景には、医療に関連する事象が俗信[5]と迷信の範疇にあったためである。根岸は大学時代から、郷里で聞き書きを行っていたが、『群馬県史』民俗編の「民俗知識」を担当したことで、さらに民俗学の調査研究を深めることになった。このときに参考にしたのが『民俗資料調査収集の手びき』（文化財保護委員会編、一九六五）であった。「民俗知識」の項目は、しつけ・作法・訓練・伝授、医療・衛生・保健、卜占・まじない、天文・気象、数理、動・植・鉱物等の種類、名称、性質、利用等で、これらを参照しながら自身の調査項目を整え、聞き書きで得た資料を当てはめていった。この調査が契機となって民俗の調査を進め、昭和六十一年（一九八六）に『民俗知識の事典』の刊行に至った。根岸は民俗知識の定義を「日本の民俗知識とは、日本人がムラ生活の中で、個人としてまたムラの成員の一人として、生きてゆくために必要な伝承的生活技術である」［根岸　一九八六　一〇］とした。このとき民俗知識のひとつである医療習俗の収集に力を注ぎ、資料化したことが、医療民俗学の見解を導き出すことにつながった。

根岸は、医療習俗を西洋医学の導入以前から伝承する生活の知恵と捉え、これを民俗医療と呼んで「民俗医療とは、常民（農民・漁民）の生活の知恵すなわち民俗知識にもとづく医療」［根岸　一九九一　六～七］と定義し、過去から現在にわたって、人びとの知恵が知識となって伝わった病いの治癒と予防の方法を研究した。また、民間に伝承する医療技術の取得方法については、直接医師や医学書から学んだものではなく、人びとが口頭伝承によって得た耳学問の知識と述べた［根岸　一九九一　三二］。

病いと医療の問題は、心意現象による俗信やまじないの範疇にあったが、根岸は人びとが既に実践していた医療技術ともいえる治療法を発見し、新たに技術伝承という視点から医療の民俗知識を捉えたことに特徴がある。生活の経験と知識から生まれた医療的技術には、西洋医学に通じる科学的医療と考えられるものも見受けられた。これは病いが完治した結果であるが、人びとは日常生活のなかで、病いを治す方法に医学的根拠を見出さず、神仏への信仰やまじないを伴う方法で治癒を期待していた。根岸は、日本の医療の実態には西洋と非西洋が共存すると指摘し、「科学的医療にもとづく物理的、化学的治療すなわち西洋的医療があり、かたや呪術、神仏祈願による治療すなわち非西洋的医療が行われている。（中略）日本の常民に医療行為における西洋的なものすなわち科学的医療と、非西洋的なものすなわち呪術による医療という二重構造を解明することが、医療民俗学研究の目的でなければならない」［根岸　一九九一　一〇］と述べ、社会生活に根付く科学的治療と呪術的治療の要因を明らかにしようと、医療民俗学を提唱したといえる。

また根岸は、『医療民俗学論』（一九九一年）で、原始時代・古代・中世・近世・現代の医療の歴史を出発点に、治療と予防、妊娠・出産、家畜や犬猫の科学的・呪術的療法を調査対象とし、その歴史と現状を追究した。人が生きていくうえで経験する病いの治癒と医療の方法を、心意現象ではなく技術伝承と捉えた。治療には、怪我や傷を治すときに用いる薬物療法や呪術的療法のほか、狐憑き・犬神憑きなど人間に動物霊がつく病いが含まれている。予防では、

表１　民俗医療の対象

調査対象	病いと治癒	治癒の方法	治癒の方法と効果
科学的医療技術	風邪	卵酒を飲む	アルコール類を飲むと、代謝機能が促進し体内の血行が良くなる。
	打撲	小正月の削り花の木(蒸して粉状)・酢・うどん粉を混ぜたものを患部に貼る	祖霊や神仏を祀る神聖な祭具(削り花)を体内に取り入れる。酢の成分が炎症を起こした筋肉を鎮静する(群馬県邑楽郡大泉町寄木戸の事例)。
呪術的医療技術	治療者(呪術者)	修験者、祈禱師など呪術を用いる宗教者	病いにかかると、宗教者にまじないを施してもらい、治癒を期待する。
	神仏への信仰	健康を願い、病気や災いを防ぐための祈願	春先になると法印様を家に招き、春祈禱(無病息災を願って家の神に御幣を立てる)を行う。

（根岸謙之助 1991「民俗医療の特質」『医療民俗学論』雄山閣、をもとに作成）

予め病いにかからないように祈願する年中行事と四季の特徴や、風邪の予防、身体の部位別(耳・眼・歯)の予防方法をあげている。妊娠・出産では、妊娠祈願とその兆候や腹帯(マタニティベルト)の効用、妊婦の禁忌や分娩の場を対象にしている。家畜療法は、かつて家の家族同然であった馬の病いと治療方法を中心に、牛や鶏、そのほか養蚕の天敵であったネズミを始末する猫、防犯のために飼育された犬など、暮らしに欠かせない動物についてもまとめた。

2　民俗医療からみた技術伝承

医療民俗学を提唱するとき、その調査対象となるのが民俗医療である。根岸は民俗医療には、科学的医療技術と呪術的医療技術の二点が内包していると述べ、それを示したのが表１「民俗医療の対象」である。

一点目の科学的医療技術は、薬草類や家伝薬などの使用による合理的な科学的療法を含んだ治癒の方法であった。根岸の生家の庭には、ニワトコやオキナグサ・ユキノシタ・ニラなど数十種類の薬用植物が植えられていた。家族が病いや怪我をしたときには、庭の薬用植物を煎じて飲み、場合によっては傷口に貼るなど、ときには薬草を入れた湯に浸って回復を望んだ。また、咳が止まらない場合や赤ん坊が百日咳になったときには、母屋の軒下にある南天の実を煎じて飲んだ。根岸自身も子どものときに、南天を飲んだ思い出がある。南天の幹には抗菌と殺菌の作用があって、実には咳の発作を止めるアルカロイドが含まれている［根岸　一九九一　二三～二四］。

群馬県邑楽郡大泉町寄木戸では、打撲傷の治療には、酢とウドン粉と、小正月の削り花を蒸して粉にして混ぜたものを、患部に貼ると痛みがとれるという。これは酢の成分が炎症を起こした筋肉を鎮静する効果によるもので、このような事例からも、民俗医療には科学的な医療技術が含まれる事例が多いとした［根岸　一九九一　二二］。小正月の予祝行事で作った削り花を治療に用いる行為から、人びとは病気になると、身体から病いを取り除くために、神意に頼ったことが窺える。神仏へ祈願したものを体内に取り入れることでより強力な利益を求め、健康的な状態を得て病いを払拭しようという心意が働いている。

二点目は、呪術的医療技術によるまじない・呪術・護符で病気平癒を願うことである。群馬県利根郡片品村戸倉では百日咳の予防に、家の玄関に氏名と生年月日を書いたしゃもじを掲げた［根岸　一九九一　二二〇］。大分県大野郡清川村の耳地蔵には、耳の病気を患った人が自分でつくった火吹竹を一本持って参り、火吹竹で地蔵の耳に息を吹きかけて、耳の病気が治るように祈願する。福井県三方郡三方町岩屋の咳地蔵は、小石で地蔵を削ってその粉を飲むと咳が止まると言われ、多くの人が信心したため現在は石のような形状になっている［根岸　一九九一　一八〇］。

以上のように、民俗医療には、科学的医療技術と呪術的医療技術の技術伝承としての療法が並存していたのである。

三　長岡博男による民俗学の医療とその位置づけ

長岡博男（一九〇七〜一九七〇）は、石川県羽咋郡志雄村子浦（現羽咋郡宝達志水町）に生まれた。昭和四年（一九二九）に東京医学専門学校（現東京医科大学）を卒業し、昭和十一年に石川県金沢市味噌倉町（現大手町）に長岡眼科医院を開業した。長岡は、昭和六年から柳田國男に師事し、石川県の年中行事や民謡、医療に関する保健と治療、病いに対処する疱瘡流しや眼鏡の変遷など、幅広い調査研究を四十年ほど続けた。昭和十二年一月九日に、長岡博男宅で「民間伝承の集い」が催された。参加者は金沢の民間伝承や昔話の発表のほか、民俗関係の雑誌類の議論をし、午前十二時過ぎに解散した。この会は昭和十一年末に、柳田國男が金沢に訪れたことを契機に組織されたものであった〔長岡　一九三七　一〇〕。長岡らは昭和十二年に「金沢民俗談話会」を結成し、昭和二十四年に「加能民俗の会」と改称した。長岡は昭和三十二年に全国組織である日本民俗学会の理事となり、昭和三十五年に、金沢大学医学部に学位論文「各種抗生物質の注入が硝子体性状に及ぼす影響に関する実験的研究」を提出し、昭和三十六年に金沢大学医学部の講師になり眼科学を担当した〔長岡　一九七五　四〇五〕。昭和四十二年に日本における眼鏡の発達と変遷を説いた『日本の眼鏡』を刊行した。長岡が収集した江戸中期から明治中期の眼鏡一一二点と眼鏡関連資料六六点は、石川県指定有形民俗文化財となっている。(6)

1　長岡博男と民間医療

眼科医であった長岡は患者の治療を通じ、眼病や眼の感覚を示す方言を収集して、方言から病名と身体の感覚を理解した。そして、人間が直に感ずる感覚の言葉を「感覚語」と称した。たとえば、金沢市周辺地域では身体の痛みを表す言葉に、ハシル・ニガル・ウズク・コワル・ヤメルなどがある。感覚語には人の感情とその人自身の感覚が表現されることから、その心意を解明する資料になりえた〔長岡　一九七五　八五〕。

長岡は、人びとの生活文化に医療分野を位置付けようと、原始から脈々と繰り返し行われてきた人びとの医療的行為を、「民間医療」と呼んだ。そして民間医療の定義を、「医史学的な知識を前提として当該民俗の資料を分析し、前代人の病理観を、これをささえた社会の思潮を背景として追及すべき」［長岡　一九五九　三二一］とし、社会に伝承する医療習俗から、前代人の病理観を考察する必要性を説いた。

具体的には、医学が発達する歴史のなかで、人びとが病気平癒を願うまじないの方法とその内容を分析することで、病いを治す心意がどのように働くのか、人びとの心意現象に絞ってその対処法を資料化し、明らかにしようと試みた。長岡は、民間医療を追究するにあたり、「ただし民俗学はもっぱら医療民俗の心意を追及する以上、とくに呪術医療に重点のおかれることも当然の帰結」［長岡　一九五九　三二三］と述べ、病いに対する人びとの心意がまじないに表現されることに注意した。

ここで初めて医療民俗という用語が登場した。民間に伝承する医療習俗を、共同の祈願（ムラの人びとが共同で疫病を防御し送る、川に流す習俗）と個人の祈願（病いから自己を守るために路傍の神仏や小祠に奉納物を供え祈願する、あるいは御守や札を常に持ち歩く）に分け、集団と個人による民間医療のまじないの特徴を提示した。また、民間に伝承する薬の類や宗教者による病いの治療法についても言及した［長岡　一九五九　三一六〜三二六］。

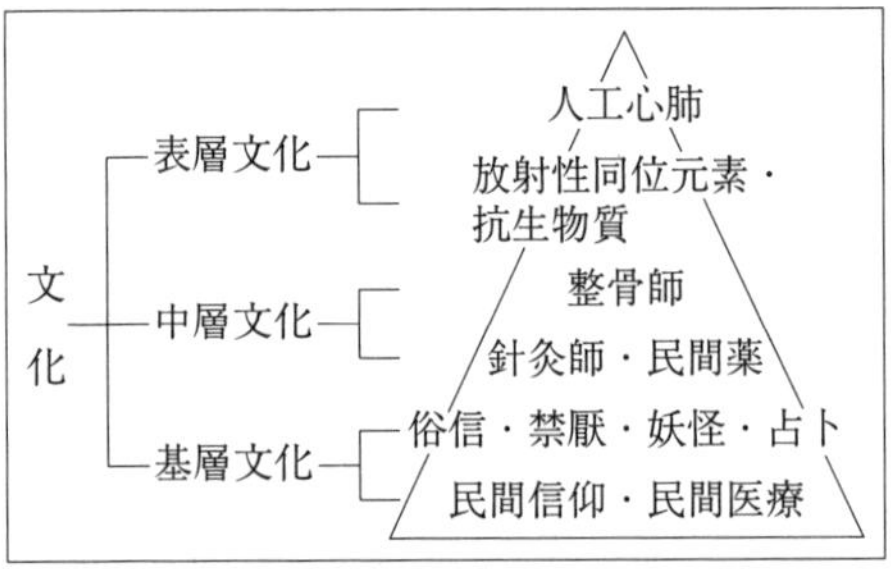

図　民間医療の地位（長岡博男 1975「民間医療の民俗とその基盤」『加賀能登の生活と民俗』所収、83頁掲載の図を転載）

2　長岡博男による民間医療の研究

長岡は民間医療を研究するために、三層の文化構造を用いた。その内容は、

表2　民間医療の研究対象

①生理的発想にもとづく伝承	身体の生理反応による感覚語（人間が直に感じる感覚の言葉）
②経験的発想にもとづく伝承	疾病現象を観察した姿そのままが病名や方言になること
③呪術的発想にもとづく伝承	科学的医術発生以前における呪術的手段による病いの根治

（長岡博男 1964「民間医療の民俗とその基盤」『日本民俗学会報』33号、をもとに作成）

ハンス・ナウマンによる基層文化（表層文化と基層文化）をもとに、ヴィルヘルム・シュミットの中層文化を加えて、長岡の考える民間医療のあり方を当てはめたものである。図は、民俗の文化構造から、医療技術の発達を視野に入れた民間医療の考えを示したもので、これは個人の文化構造にも通じるとした。三角形の頂点を表層文化（人工心肺や抗生物質などの近代医学）、その中間を中層文化（整骨師・鍼灸師・民間薬）、そして民間に伝承する医療を基層文化（まじない、卜占、呪術的な民間医療・信仰）とした。明治政府は、医事衛生行政の方針を示した医制を明治七年（一八七四）に発布したが、人びとの間では、神仏の祈願をはじめ、まじないや呪術を伴った療法が日常的に行われていた。長岡はこれまでの民俗学が、医学的な分類をもとに病名・原因・療法・予防などの羅列主義であったことを批判した。日常生活のなかで、なぜ病いにかかったのかという原因を考えることは、治療法と予防にもつながると述べ、一貫した病理観を考える重要性を強調した［長岡　一九六四　二］。

とくに長岡が注目したのは、人びとの生活に流布した伝承の基層文化で、俗信による民間信仰やまじないを伴った民間医療であった。病魔や疫病の類を身体から除去する方法として、人びとは祈禱や呪法・呪符などを用いた。さらに長岡は、民間医療の地位とその文化構造を時間軸に置き換えると、医療の歴史推移が読み取れるとし、人が病いや怪我をすると本能的に正常な身体に治そうと、経験で得た医療の知識を実践すると指摘した。中層文化については、実験医学（草根木皮の薬効など）が時代を経るにつれて民間に伝わった前代の医学とし、民間薬もこれに含まれるとした。表層文化を現代に置き換えると、医療技術が著しく発展し続ける時代のなかでも、基層文化の民間医療には人びとの心意や思想が根付いている現状がある。長岡は民間医療を、①生理的発想にもとづく伝承、②経験的発想にもとづく伝承、③呪術的発想にもとづく伝承の三点に分類し、それぞれ考察を行った[長岡　一九六四　一〜三]。表2は、それをまとめたものである。

①生理的発想にもとづく伝承は、感覚語（人間が五官で感じる感覚の言葉）による身体の生理的発想、病名の方言を記録した。たとえば、眼のまぶしさを表す各地の方言には地域差があり、マッコイ（青森県青森市）、マッピ（岩手県釜石地方）、マジッポイ（群馬県多野郡鬼石）などで、東北と関東の一部では「マジポイ」という地域が多い。この方言は、光の反射作用が眼を刺激し、目を瞬く反応の語源からきている。日本海側では、まぶしさのことをカガビテイ（山形県庄内地方）、カガッポイ（新潟市）、カガッパシイ（富山県射水郡）という。これは輝く、鏡など光源そのものを指した言葉から生じている。太平洋側では、光の過剰光線による「日採る」から、ヒドロシイ（静岡県一帯）、ヒドロイ（山梨県北巨摩郡）、ヒズルシイ（愛知県北設楽郡）と言った。「まぶしい」の語源は、強い光線による目の刺激反応から起こる感覚といえ、「まぶしい」を表す方言のマジポイ系は、個人の主観的表現で人体の生理現象につながる。また、「日採り」「鏡」などの光源を表す方言のカガッポイ系は、個人の眼に起こった生理作用のまぶしさを客観的に表現しているといえる。このように眼のまぶしさを表す感覚語には地方差があり、心意と思想の差異がみられるとする[長岡　一九六四　三〜七]。長岡は、眼に生じる生理反応の感覚語を集め、複数の地域社会と比較することで興味を抱き、病名の方言から共通点と差異を出し、それらを再構成することで自らの地域社会の特徴を明らかにする方法を採用したのである。

②経験的発想にもとづく伝承とは、疾病現象を観察した姿そのままが疾病の名称や方言になっているものを指す。たとえば、病いの症状から脚気をヨイヨイ病と呼び、文政二年（一八一九）に流行したコレラをコロリ、または三日コ

ロリと言った。このほかに当時の社会的背景の影響が、病名に読み込まれたものもある。安永五年(一七七六)の「お駒風」は、近世後期に人気を博した人形浄瑠璃演目「恋娘昔八丈」に登場したお駒から名づけられた。文化元年(一八〇四)に八百屋お七の唄が流行したことから「お七風」の病名が流布した。また伝播経路による病名では、江戸を中心に梅毒が流行していたことから、仙台地方ではこれを「エドホウソウ」と呼んだ。以上のことから、当時の世相や流行が過去の病名として人びとに解されたことを明らかにした[長岡　一九六四　八〜一〇]。

③呪術的発想にもとづく伝承には、病魔あるいは憑依などの思想が基礎にあり、それを取り除くために呪術を必要とした。麦粒腫は俗に「ものもらい」と言うが、これは飯もらい(乞食)からきている。たとえば、ものもらいのことをシチケンコジキ(神奈川県津久井郡内郷)、ハッケンボイタ(鳥取県西伯郡)と呼び、七軒ないし八軒の家から物を貰うことで治ると信じられてきた。麦粒腫の病名の方言は各地に伝承し、その呪術的方法には、単に物を貰うだけでなく、集団で同じ器を使って飲み食いをすることで孤立から逃れ、より強固な力を得て病いを克服しようとする信心もみられた[長岡　一九六四　一〇〜一二]。さらに長岡は、人びとの心意には呪力のチカラが根底にあると述べ、「チカラをたくわえ、病神を離そうとする積極的な一面と、病神を送り(或いは遮り)あるいは祈願をこめようとする消極的な一面とである」[長岡　一九六四　一二]と呪術的発想の考えを示した。

このように長岡は、医療に関する生活文化を基礎に、基層文化の民間医療と科学的な医療技術が並存する文化構造から、民間医療を生理的発想・経験的発想・呪術的発想の伝承による三類にまとめ、民間に伝承する病いの資料範囲を提示し、医療民俗学の研究法を明示したのである。

まとめ

根岸謙之助と長岡博男の業績は、民俗学に医療分野の研究方法を確立させた。両者に共通することは、病いの治癒に呪術的な方法の調査研究を採用したことである。研究発表年から順に、両者の調査研究について改めて考えてみたい。

長岡博男は医学的見地から生活に根付く民間医療の特徴（生理的発想・経験的発想・呪術的発想にもとづく伝承）を検討し、病いを患った原因・治療法・予防などひとつの一貫した病理観を明らかにする必要性を、指摘した［長岡　一九六四］。民俗学で医療に関する習俗（神仏への祈願、呪術的な方法を含んだ伝承）を示す医療民俗の用語を初めて用いたのは長岡で［長岡　一九五九　三一三］、医療技術が進展する現代も、人びとの病いに対する考えの基礎には呪術的な信仰があることを指摘した［長岡　一九六四］。

一方、根岸謙之助は、民俗知識として蓄積された病いの治療法に着目し、人びとが実践する医療的行為を伝承的生活技術と捉え、西洋医学以前に伝承した治療法を民俗医療と呼んだ。民間に伝承する治療法には、科学的医療と呪術的医療が並存することから、この二重構造の解明を試みるために医療民俗学を提唱した。人びとの民俗知識をもとに、各地に伝承する病名や身体の部位別の治療方法をあげ、医療民俗学の見解を強固しようとするが、病いに至った原因や治癒までの一貫した記述はない［根岸　一九九一］。その結果、西洋医学と民間医療を混同させるような記述事例が多く、曖昧な点が多いことは否めない。また、根岸は医療民俗学の研究を進めるにあたり、長岡の研究成果を参照した形跡がなく、独自に医療民俗学論を展開したといえる。

医療民俗学の創設について、長岡と根岸を比較すると、長岡は人びとの生活文化から医療民俗学の研究法を説き、医療民俗学を追究する基礎を構築したといえる。根岸は、長岡が明らかにしようとした民間医療の呪術的発想にもとづく伝承を、民俗医療と呼び、そこに科学的医療技術・呪術的医療技術を発見した。そして、根岸は人びとの心意現象による医療的行為を技術伝承と捉えたことで、俗信から民間医療へと変化した医療民俗学の特徴を示した。

民間医療は医学ではなく、日常生活のなかで生成された病いの理解と病理観を指す。生活文化に根付く医療の事象を明らかにすることが医療民俗学の目的ともいえる。(7) 現在、医療は私たちの暮らしのなかで確実に身近な存在になっている。病いや健康に関する情報も、インターネットやテレビ・新聞・雑誌などの情報メディアを通じて必要な事柄を取捨選択し、生活に取り入れることが可能になった。医療技術は著しい進歩をとげているが、医師の技術では完治しない病いも少なくない。医療民俗学では、人びとの心意に注意しながら、人はいかに病いと向き合い、生きていくのかを問題にする。過去の民俗知識を学ぶことによって、健康・病気治癒・長寿などを期待することができる。医療習俗の現状を調査研究する必要性を痛感する。医療技術が発達した現代社会の中で、私たちは身体の具合が悪くなると、まず応急処置として医療的なことは、祖父母、父母など年上の人からの耳学問で得た知識を実践する。それが地域社会やそれぞれの家庭を通して伝承する。たとえば、疫病除けの年中行事や病いを取り除く言葉や仕草、庭先に薬に代わる草木やハーブを栽培する、畑に栄養と効能のある野菜を植える、嫁入り道具に救急箱を持参し家庭の健康を守ることがあげられる。食生活や衛生面は過去と比較できないほど改善したが、家での女性の役割は、世代を超えて医療に関する習俗を伝承してきた。私は、民間に伝承している医療習俗は現代医学の発展の一助に値していると思う。

註

（1）新潟県佐渡郡佐和田町本町（現佐渡市）の産婦人科医であった中山徳太郎（一八七五〜一九五一）は、昭和十一年（一九三六）に柳田國男夫妻が佐渡島へ来島したのを機に、より一層民俗学に興味を持った。昭和十三年に、佐渡島の年中行事を項目別にまとめた『佐渡年中行事』を青木重孝と共著で刊行した[山本　一九六〇　三七二]。小児科医であった沢田四郎作（一八九九〜一九七一）は、神奈川・山梨・千葉の周辺地域の石神を調査した。昭和九年に宮本常一・桜田勝徳らと大阪民俗談話会を発足させた[池田弥三郎編　一九七四　五四〇〜五四一]。昭和十六年に召集を受け、満州に駐屯して陸軍病院に勤めた。このときに診察した入院患者の大部分が東北出身者で、患者に故郷の話をしてもらい、方言を採集し、それらの語彙を東北六県に分類した[沢田　一九六九]。宮本常一は沢田と懇意で、沢田に身体の様子や具合を診てもらいながら全国各地で聞き書きを行った。ときには一月分の薬を貰って旅に出ることもあった[宮本　二〇一二　二四二〜二四三]。民俗学確立期において医師の存在は欠かせず、いわばパトロンのような力を発揮した。同時に、民俗学を調査研究する者の身体面と精神面を支えてきた。医師らに共通することは、患者の話に耳を傾け地域社会の個性を発見したことである。

（2）昭和十年（一九三五）に柳田國男の還暦を祝し、日本青年会館で日本民俗学講習会が催され、『民間伝承』の会への結成につながった。また、昭和九年五月から昭和十二年四月まで三年にわたって、全国各地の計六六か所の「山村生活」の調査を行った[田中　一九八五　二六〜二八]。

（3）蛸島は医療重視の病理観を、民間医療の用語を用いて検討した。具体的には病いの認識と治療、治療者（医師や祈禱師など）、看病をする家族や周囲の人びとの動き、そして健康に対する観念など、病いをめぐる社会文化的諸事象を明らかにすることを指摘した[蛸島　一九八四　三〜四]。この見解は病いの治癒だけでなく、生活の中に伝承する健康意識への取り組み、病いの予防を心がける心意や行動を対象にした。

昭和五十八年（一九八三）に開催された大塚民俗学会年会シンポジウムのテーマは「病いと民俗学」であった。同年に今村充夫の『日本の民間医療』が刊行されたことも、シンポジウムで病いをめぐる問題を取り上げた理由のひとつであった［大塚民俗学会編　一九八四　二］。

（4）文化人類学者の波平恵美子は、病いは老若男女問わず、あらゆる世代が共感できる話題と指摘している。医療人類学では調査地の社会様式から、個々の事情に沿って医療体系や人びとの病理観に対する文化、治癒方法、病いと疾病に関する儀礼を取り扱うとした［波平　一九八四］。

（5）人びとは疾病の治療法を知識として持ちながら、まじないや神仏への祈願を積極的に取り入れた。俗信の特徴について、井之口章次は、信仰と宗教が関わりを持って共存すると説き、俗信の定義を「超人間的な力を信じ、それに対処する知識と技術」と述べた［井之口　一九七五　四］。超人間的とは自然の力や霊、神の力のことで、人間がその力を誘導し、ときには神に頼ることもあったと指摘している［井之口　一九七五　一～四］。

（6）大藤時彦は『加賀能登の生活と民俗』の序文で、昭和十年（一九三五）に開かれた日本民俗学講習会を機に、全国各地に民俗学の研究団体が生まれたと指摘する。また、この年に柳田國男が三週間の旅行に出掛け、最後に訪れた金沢で民間伝承の集まりが長岡博男宅であった［大藤　一九七五　序］と述べるが、長岡博男は昭和十一年末に柳田が金沢に訪れたと記す［長岡　一九三七　一〇］。

（7）民俗学では、生活に密着した医療の問題を対象としている。幕末に流行した六曜は、先勝・友引・先負・仏滅・大安・赤口の順に巡り、現代社会でも大安が縁起の良い日と人びとに認識されるほど六曜の影響は大きい。板橋春夫は、病院の入退院をする日をわざわざ大安になるよう、日をずらす人がいることを指摘している［板橋　二〇一〇　一五五

〜一五七」。こうした六曜の影響は、普段の日常生活でもみられ「結婚式は大安の日を選ぶ」「葬式は友引の日を避ける」ことが言われている。人生の節目にあたる事態が生じたときに、人はより良い日を選ぶことで心理的な安定を求めている。医療あるいは人の生死に関わる六曜は、確実に生活に密着しているといえ、人生の節目を決定づける指標になっている。

参考文献

池田弥三郎編　一九七四『日本民俗誌大系　中部Ⅰ』五巻　角川書店
板橋　春夫　一九九六「根岸謙之助の民俗学」『追想　根岸謙之助』根岸謙之助追想集編集委員会
板橋　春夫　二〇一〇『叢書・いのちの民俗学三　生死』社会評論社
井之口章次　一九七五『日本の俗信』弘文堂
井之口章次　一九八一「『民俗学辞典』の執筆者一覧(下)」『民間伝承』四五巻三号　民間伝承の会
今村　充夫　一九八三『日本の民間医療』弘文堂
大藤　時彦　一九四一「民間療法資料」『民間伝承』七巻三号　民間伝承の会
大藤　時彦　一九四二「まじなひに就て」『民間伝承』七巻四号　民間伝承の会
大藤　時彦　一九七五「序」『加賀能登の生活と民俗』慶友社
大塚民俗学会編　一九八四「病いと民俗学」『民俗学評論』二四号　大塚民俗学会
沢田四郎作　一九五一「民間療法」民俗学研究所編『民俗学辞典』東京堂
沢田四郎作　一九六九「思ひだすこと」『定本柳田國男集』八巻月報八　筑摩書房

新村　拓　二〇〇〇　「民間療法」『日本民俗大辞典』下　吉川弘文館
新村　拓　二〇〇六　『日本医療史』　吉川弘文館
関　敬吾　一九四一　a「民俗学の研究範囲」『民間伝承』六巻一一号　民間伝承の会
関　敬吾　一九四一　b「民間医学の問題」『民間伝承』七巻三号　民間伝承の会
蛸島　直　一九八四　「民間医療の体系的理解に向けて」『民俗学評論』二四号　大塚民俗学会
蛸島　直　一九九八　「民間医療」『日本民俗宗教辞典』　東京堂出版
田中　宣一　一九八五　「『山村調査』の意義」『成城文芸』一〇九号　成城大学
都丸十九一　一九七二　「民間医療」『日本民俗事典』　弘文堂
長岡　博男　一九三五　「全国麦粒腫方言集」『旅と伝説』第八年一二月号（通巻九六号）　三元社
長岡　博男　一九三七　「金沢に於ける民間伝承の集い」『民間伝承』二巻六号　民間伝承の会
長岡　博男　一九五九　「民間医療」『日本民俗学大系』七巻　平凡社
長岡　博男　一九六四　「民間医療の民俗とその基盤」『日本民俗学会報』三三号　日本民俗学会
長岡　博男　一九七五　『加賀能登の生活と民俗』　慶友社
波平恵美子　一九八四　『病気と治療の文化人類学』　海鳴社
根岸謙之助　一九五二　「俗信に就て」『上毛史学』二号　上毛古文化協会
根岸謙之助　一九五四　「俗信に就て　呪と医療に関する資料（利根郡糸之瀬村に於て採集）」『上毛史学』五号　上毛古文化協会
根岸謙之助　一九八六　『民俗知識の事典』　桜楓社

根岸謙之助　一九八八『医の民俗』雄山閣
根岸謙之助　一九九一『医療民俗学論』雄山閣
野村　典彦　二〇一四「民間医療と身体」『民俗学事典』丸善出版
文化財保護委員会編　一九六五『民俗資料調査収集の手びき』第一法規出版
宮本　常一　二〇一二「沢田四郎作先生の思い出」『宮本常一著作集　私の学んだ人』五一巻　未来社
柳田國男編　一九三七「山村生活調査項目」『山村生活の研究』民間伝承の会
柳田　國男　一九九〇「郷土生活の研究法」『柳田國男全集』二八巻　ちくま文庫
山本修之助　一九六〇「中山徳太郎略伝」『日本民俗学大系』一三巻　平凡社

〔付記〕本稿の作成にあたり板橋春夫氏に貴重なご意見を賜り、加能地域史研究会の高堀伊津子氏、石川県立歴史博物館の前田武輝氏と大門哲氏にも大変お世話になったので記して感謝申し上げる。

■総括と展望

加能地域史研究会の来し方と行く末

石田文一

はじめに

加能地域史研究会(以下「加能地域史」とする)は、加賀・能登、すなわち現在の石川県の領域を研究フィールドとする、在野の歴史研究団体である。石川県立図書館史料編さん室に事務局を置き、会員数は一〇〇名前後で推移している。この加能地域史は、平成二十九年(二〇一七)に創立四十周年を迎えた。そしてその記念事業として、群馬歴史民俗研究会(以下「群歴民」とする)との共同研究会を企画した。これまでとくに親密な交流を重ねてきたわけでもない両会ではあったが、加能地域史からの「唐突な提案」を真摯に受け止めていただき、開催をご快諾くださった群歴民の皆さまにまずは深く御礼を申し上げたい。

以下、共同研究会の研究成果を総括してしっかりと跡づけ、今後の活動の糧とするため記録を残しておく。

一　加能地域史研究会の草創

このたびの共同研究会は、加能地域史の創立四十周年の記念事業として企画されたものであるから、まずは加能地域史の草創期の様子を一瞥しておきたい。

加能地域史の正式な発足は、昭和五十二年（一九七七）四月である。筆者は発足当初からの会員ではないため詳細な事情は知り得ないので、当時の出版物によりみてゆくことにするが、B４サイズのザラ紙に孔版刷りされた『加能地域史ニュース』第一号[(1)]には、次のような三つの目的が高らかに掲げられている。

〈目的1〉石川県における地域史研究（当面は、中〜近世を中心に）の発展を計るべく、県内はもとより県外の研究者を含めた、石川県（ないしは北陸地方）を対象に地域史研究をすすめている人々が、意見交換や情報交換を行える場を積極的に創りだすこと。

〈目的2〉上の目的を実現するための積極的な役割を果たすべく、定期的に研究・学習の会をもち、研さんを重ね、新鮮な問題提起者たるように努めること。

〈目的3〉上の二つの目的実現の活動をすすめるなかで、私達若手研究者（ないしはその卵）自身の成長を計ること。そのため忌憚のない相互批判をつづけること。（決して年配者を除外するという意味ではない!!）

地域史研究の発展を企図した三つの目的は現在でも十分に通用すると思われるが、なかでもとくに注目すべきは、〈目的3〉の末尾に唱われている文言「（決して年配者を除外するという意味ではない!!）」という箇所である。実は、明文化こそされていなかったものの、加能地域史は発足当初、入会資格として「三十歳未満」という年齢制限が設けられていたユニークな研究会であったために、そのように唱う必要があったのであろう(2)。また当時は会員相互の研鑽に重点が置かれ、必ずしも積極的な会員獲得、会の拡大を意図していたわけでもなかったようである。加能地域史は、そこに参加している会員の、いわば「若手による、若手のための研究会」として発足したということができる。

そもそも加能地域史は、その前年に始まった、金沢市内在住の若手研究者六名による古文書調査や史料講読のための集まりがその母体となった。そこに集まったメンバーは出身地や出身大学もさまざまであった。その活動の当初は「藩老長《ちょう》家家臣の河野家文書輪読会」、石川県穴水町歴史民俗資料館発刊の『図録 長家史料(3)』の編集、穴水町沖波の諸橋家文書見学会などを週一回の学習会として通年で開催したとのことである。そして昭和五十四年四月には、七か条の「会の規則」が制定され、「中世史部会」が『白山宮荘厳講中記録』の講読会、近世史部会が長家文書の講読会を週一回開催し、発足当初より活動しており、あわせて「古代史部会」「文化史部会」などの開設が準備されていたことが知られ(4)、出身大学の枠を超えた「若手による若手のための研究会」加能地域史が活発に活動していたことが知られるのである。以上が加能地域史の草創期の様子であった。

二　加能地域史研究会の現況

加能地域史は、研究会発足当初より、研究例会と部会がその活動の基軸であって、今日でも踏襲されている。現在では年三回の研究例会と、複数の部会が月一回～年数回の割合で開催されている。

研究例会では、質疑応答込みで約六十分の報告二題を用意して、二〇名前後の会員が出席して、加賀・能登を対象とする研究報告を行っている。研究報告の時代や分野は限定していないが、近世史を取り扱ったものが多い傾向にある。また部会活動としては、近世部会・十九世紀科学技術部会・寺社部会が活動を行っている。こうした部会活動は会員同士が任意に部会を組織して研究活動を進める場となっている。また会報『加能地域史』も、不定期刊ではあるが、おおむね年三回の発行を維持しており、本稿校正時点における最新号は七二号を数えている。掲載内容は、ながらく論文や史料紹介を中心として、毎号一本の論考を掲載してきたが、最近では新刊紹介や研究動向なども併せて掲載するように工夫している。

加能地域史では、「日常的な史料調査及び史料調査を中心とする研究活動を通じて、地域史研究の前進をはかる」⑸ことを目指して部会活動を中心に活動を展開してきたが、その一方で会員による、地域の古文書調査・整理活動にも精力的に関わってきた。その成果が昭和五十二年の『長家史料目録』⑹であり、それに続く『能登穴水《あなみず》天領文書目録』⑺『能登志賀天領文書目録』⑻『能登羽咋《はくい》天領文書目録』⑼『能登輪島住吉神社文書目録』⑽などの刊行にあたり、また昭和六十二年（一九八七）には、能登半島の熊木川流域総合調査を企画・実施し、その成果が後に地元自治体史（『中島町史』全三巻）⑾に反映されるなど、地元自治体と協力しながら石川県内各所の地域史研究の進展に微力を尽くしてきた。

三　地方史研究協議会大会の招致

このように加能地域史は、日常的な研究会活動を継続するなかで、ややもすると活動そのものがマンネリに陥りがちでもあったが、そうした状況を打破する試みも行われた。

平成五年（一九九三）には、輪島市の時国《ときくに》家文書の調査を行っていた神奈川大学常民文化研究所との間で「近世奥能登の社会構造」をテーマとして合同研究会を開催したのを皮切りに、平成十二年にかけて春季セミナー・サマーセミナーを開催した。県外から研究者を招き、会員による研究報告も交えて、地域外の研究者との交流と研究会の活性化を図ってきた。特筆すべきは、平成二十五年に加能地域史が中心となり実行委員会を構成して招致した、地方史研究協議会第六四回（金沢）大会の開催であろう。

地方史研究協議会（以下、「地方史」とする）は、会員数約一五〇〇名の全国学会で、毎年各地で開催地の特色を活かした研究大会を催してきている。石川県においても、昭和四十四年（一九六九）に第二〇回大会が開催されたことはあったが、爾来四十年余を経て往時を知る関係者も多くが鬼籍に入り、大会開催に関する資料も散逸してしまっており、手探りでの招致活動であった。招致の発端となったのは、平成二十年頃に、加能地域史の事務局を担当する筆者に、地方史の関係者から石川県での大会開催の非公式な打診があったことに始まる。その後、同年の茨城大会などへ参加して地方史の雰囲気をつかむとともに、加能地域史の運営委員会に情況を諮りつつ、招致のタイミングを見定め、正式に招致の文書を地方史に送付したのは平成二十二年の十二月であった。加能地域史の事務局担当としては、加能地域史の研究会としての力量を示す絶好の機会だと感じた。

果たして平成二十五年十月二十六日～二十七日、金沢市文化ホールを会場として「〝伝統〟の礎―加賀・能登・金沢の地域史―」を共通論題として開催された[12]。大会当日は台風の接近という天候の影響もあり、参加者数は必ずしも多くはなかったが、公開講演二題・自由論題二題・共通論題九題と討論が行われた。また懇親会や巡見も全国の研究者との交流の場として大きな意味を持った。

大会開催までは、地方史の常任委員会・大会運営（準備）委員会各位との密接な連絡のもとで準備が進められた。その一方で、地元の実行委員会を構成した加能地域史においても各所に疎漏なきように手配に努めたが、その過程においてはここに記すのを憚られる様々な曲折があり、開催までの道程が順風満帆であったとは言い難かった。それが実行委員会の事務局を与った筆者の至らなさに起因するものばかりではなかったにしろ、加能地域史にとって、今後に活かされるべき貴重な体験であったことはいうまでもない。

四　共同研究会の企画と開催

こうした「周年事業」というものは、企画者が「来し方を顧み、行く末を慮る」ために発案するのが常である。しかしながら歴史研究団体に限った話ではなく、「何年続いたから偉い」というものではあるまい。その所期の目的を達成して正式に解散するのであれば短期間の存続でも何ら気後れする必要はないし、より大きな機関・団体に付属して形式的に継続している団体も世に少なくはない。

加能地域史では、平成十九年(二〇〇七)に発足三十周年事業を実施したことがあった。この折りには研究論集の発刊が企画され、加賀・能登に関わる「人物」をテーマとして全会員に寄稿が呼びかけられた。三一名の会員から、加賀・能登をテーマとした三一本の論考が寄せられ、『地域社会の歴史と人物』『地域社会の史料と人物』という二冊の論集に結実した[13]。この三十周年事業は、加賀・能登を研究フィールドとする地域史研究者が、共通のテーマの下で、初めて一堂に会して研究成果を披瀝したものであった。論集の刊行にあわせて記念シンポジウム「戦国社会と北陸の人物」「近世後期金沢城下─変貌する暮らしと文化─」も開催して、研究成果を加能地域史の会員以外へ普及させることも試みた。ある意味、加能地域史の力量を江湖に問うたわけであるが、果たしてどのような評価をいただいたのであろうか。

先に触れた地方史の第六四回(金沢)大会を経験することで、加能地域史は研究会として他地域の地域史研究者とも意見交換し、その刺激が自らの地域史研究活動に大いに役立つであろうことを知った。そこで平成二十七年頃、加能地域史の運営委員会で、四十周年事業の企画として、他地域の研究会との共同研究会の開催が案として持ち上がった。[14]その場において議論されたのは、「加能地域史の陥りがちな弊害」ともいうべきものであった。より端的には、例えば近世において加賀・能登・越中という巨大な領域を支配した加賀藩の存在は、それだけで地域史研究者に対して豊富な研究フィールド・テーマ・史料を提供しており、むしろそれで事足りているともいえるのであるが、反面、加賀藩の領域において完結してしてしまっている部分も少なくないのではないか？　幕府や諸藩は視野に入っているのか？　研究会として未開拓な研究分野もあるのではないか？　等々、足下を見直すために「周年事業」を企画することに、大きな異論は出なかったように思われる。

次に問題となったのは、加能地域史の企画を持ち込む相手となる研究会であった。加能地域史と同程度の規模で、かつ同一の研究テーマを掲げて議論ができる在野の研究団体は必ずしも多くはないであろうし、さらに相互に往来が可能な地域であることが望ましい。そこで白羽の矢が立ったのが群馬歴史民俗研究会であった。なにより、群歴民が加能地域史を地域史研究団体として好意的に意識して下さっていることが、共同研究会の相手としてふさわしく思われたのである。[15]また群歴民代表幹事の板橋春夫氏や佐藤孝之氏は、石川県の自治体史編纂にも専門委員として参画されたことがあり、加能地域史の事情も汲み取って、両会の間で調整してくれるのではなかろうか、という期待の下で共同研究会開催の打診をしたところ、「幹事会に諮らねばならないが…」という条件付きではあるが、前向きにご検討くださることとなった。その後、両会関係者が直接協議する場を群馬県高崎市に用意していただき、加能地域史側から群歴民に対して正式な申し入れを行い、共同研究会開催が了承されたのである。その際「開催の趣旨」として以下のように唱っていた。

加能地域史研究会発足四十周年を記念して、同時期に創設された二つの研究団体が共通の研究テーマを掲げ、それぞれの地域の特色を反映させた研究報告・討論を行うことにより、地域史研究を単なる「一地域」の事例報告にとどめることなく、日本史全体のなかに一般化してゆく方策を探るとともに、相互に交流と親睦を図り、地域史研究の進展と活性化に寄与する。

いささか大上段に振りかぶった「開催の趣旨」ではあったが、これは、上述のような「加能地域史の陥りがちな弊害」を打破するために、あるいは打破したいという願望の表れでもあったといえる。そして加能地域史が群歴民に対して、当初テーマとして呈示した研究テーマは「山村」であった。石川県において山村は焼畑農耕など民俗学の分野ではそれなりに研究の蓄積はあるが、歴史学の分野からの研究アプローチが必ずしも豊富ではないことから、内陸立地の上州（群馬県）の多くの先行研究から学ぶべきものが多いのではなかろうか、と考えたためであった。一方、群歴民からは、必ずしも「山村」を研究テーマとしている研究者は多くはないという懸念が示され、結局、共同研究会の研究テーマは「加賀・能登と上州の交流」として、加能地域史・群歴民それぞれの地域に遺る史料を取り上げお互いの地域を探る、という手法を採ることとなった。

平成二十八年九月二十四日、金沢市の石川県立歴史博物館で「石川ラウンド」が、翌二十九年三月二十五日には高崎市労使会館で「群馬ラウンド」が開催された。二つの会場には両会の会員が互いに参加して、研究発表・パネル討論が行われた。当日の成果を収録したものが本書であり、広く評価を求めるものではある。とはいえ、少なくとも「石川ラウンド」については、地元紙の社説[16]で取り上げられた。通常このような研究会の活動が一般紙の社説で言及されることは稀であることから、一定の評価を得たものと考える。

結びにかえて

発足当初において、入会資格が「三十歳未満」という年齢制限を設けていた加能地域史が、発足四十周年を迎えるということは、とりもなおさず当時の会員が七十歳古希を迎える、ということでもある。加能地域史も多分に漏れず、会員の年齢構成上における高齢化傾向が窺われ、死亡や研究から身を退くことによる退会者が増加しつつあるのは残念なところである。同時に、その一方で大学院生や二十代の若手研究者の入会が望まれるところでもある。

今回の共同研究会においても、加能地域史・群歴民の双方から若手研究者の意欲的な研究報告がみられ、地域史研究の今後が必ずしも悲観的なものではないのではないか、と淡い期待を抱かせるものでもあった。またフロアの参加者のなかにも両地域において活動を展開する多くの地域史研究者や郷土史愛好家の出席をみた。番外編になるが、共同研究会後に行われた懇親会においても和やかな「交流」が行われた。研究会の会場だけではなく、こうした「交流」の場が、地域史研究に関心を持つ若い研究者・大学院生・学部生らを誘う契機になれば幸いである。その目論見は果たして達成できたのであろうか。

この試みはあくまでも一時的なまた一地域との「交流」に過ぎなかったが、これを機会として、自らの研究フィールドとする地域に軸足を据えつつ、隣接する、あるいは遠く隔たった地域にも目を向け、地域史を日本史的視野から俯瞰できるように努めたいと思う。ややもすると、一つの史料・古文書に埋没して、狭隘な視界に陥りがちな筆者であるが、自戒を込めて、加能地域史研究会・群馬歴史民俗研究会の共同研究会の総括としたい。

註

（1）『加能地域史ニュース』第一号（一九七七年五月二十八日発行）。当時の代表委員木越隆三氏（現加能地域史研究会参与）が編集責任者であった。
（2）草創期において入会資格に年齢制限を設けていた加能地域史ではあったが、当初からの会員自身が年齢制限に抵触するようになり、その不文律は早晩撤廃されたようである。
（3）『図録　長家史料』（穴水町教育委員会、昭和五十二年三月発行）。奥付に「協力者」として「加能地域史研究会」が掲げられており、そこに記された六名の会員が加能地域史草創のメンバーである。
（4）『加能地域史ニュース』第一号（加能地域史研究会、一九七九年五月十二日発行）。なお、これは註（1）の『加能地域史ニュース』と同じ名称を冠してはいるが、和文タイプにより制作された別の逐次刊行物である。
（5）一九七九年四月一日制定「会の規則」第一条（前掲註（4）『加能地域史ニュース』第一号）。
（6）『長家史料目録』（穴水町教育委員会、一九七八年三月発行）。
（7）『能登穴水天領文書目録』（穴水町教育委員会、一九八二年三月発行）。
（8）『能登志賀天領文書目録』（志賀町教育委員会、一九八四年三月発行）。
（9）『能登羽咋天領文書目録』（羽咋市教育委員会、一九八六年三月発行）。
（10）『能登輪島住吉神社文書目録』（輪島市教育委員会、一九九二年三月発行）。
（11）『中島町史』全三巻（中島町、一九九四年三月～一九九六年三月発行）。
（12）地方史研究協議会第六四回（金沢）大会については、地方史研究協議会編『〝伝統〟の礎―加賀・能登・金沢の地域史―』（雄山閣、二〇一四年一〇月発行）、および『地方史研究』三六七号（二〇一四年二月発行）の「二〇一三年度（第六四回）大会・総会報告」「第六四回（金沢）大会参加記」を参照されたい。

(13)『地域社会の歴史と人物』（北國新聞社刊、二〇〇八年一二月発行）。『地域社会の史料と人物』（北國新聞社刊、二〇〇九年一二月発行）。

(14)加能地域史研究会の会則第十条において「（一）本会の運営は、運営委員会の責任により行う」、「（二）運営委員会は、総会に諮る事業・予算・決算・役員・その他総会に上程すべき重要事項を審議・策定する」と定められており、この発足四十周年事業は同規定に拠り企画・実施された。

(15)佐藤孝之「群歴民と諸研究団体の動向」（『群馬歴史民俗』第三五号、二〇一四年五月発行）。

(16)『北國新聞』平成二十八年九月二十七日朝刊社説「群馬と共同歴史研究　幅広い交流の礎にしたい」において、北陸新幹線を介して新たな交流の芽が生まれたとして、「継続的」「広く県民が参加できる」機会の設置が求められた。

あとがき

加能地域史研究会代表委員　木越　祐馨

群馬歴史民俗研究会（以下「群歴民」と略称）と加能地域史研究会との共同研究会は、金沢と高崎を会場にして行われ、その記録が時を経ずして刊行でき、世に問うこととなった。

共同研究会開催及びブックレット刊行に到る背景を、私事で恐縮ではあるが述べてみたい。一九九七年に始まる石川県白山麓に位置する旧吉野谷村（現白山市）の村史編纂に加えていただき、群歴民の佐藤孝之・板橋春夫両氏と、「生活文化」編を担当したことである。東四柳史明専門委員長の「人びとの暮らしに歴史性を重視」すべきとの試みで、民俗学と文献史学の異分野から一編をまとめた成果は、『吉野谷村史』自然・生活文化・集落編（二〇〇二年）として刊行された。この編纂を通して両氏の属する群歴民に親近感を抱くようになった。折しも群歴民創立三十周年記念シンポジウムの成果を収めた岩田書院ブックレット『歴史と民俗からみた環境と暮らし』（岩田書院、二〇一四）を、石田文一氏より教えられた。

当会創立四十周年を迎えるに当たり、この群歴民の事業が想起され、当会単独でのシンポジウムよりも、群歴民との共同研究会がより実りあるものになると、当研究会のなかで提案がなされた。この提案には、他地域との交流を考えることによって、視野の広がりを追求すべきとの思いが多くの会員にあったためであろう。幸いにも群歴民の会員にも受け入れられ、共同研究会開催となり、ブックレットの刊行に繋がった。刊行の経緯としては以上のようなことだが、他地域との交流をはかるときに、近隣諸地域とでもなく、京・大坂とでもなく、江戸とでもなく、「なぜ群馬となのか」と問われるかも知れないが、これには、「まず群馬とからだ」と答えておきたい。

最後に、〝地域の交流〟と〝暮らしの歴史性〟を意図した本書が、多くの読者に迎えられることを念ずるばかりである。また刊行にあたって、編集・校正にご尽力下された、板橋春夫氏に感謝申し上げたい。

鈴木 英恵（すずき・はなえ） 1981年生まれ。

群馬パース大学保健科学部非常勤講師。博士(歴史民俗資料学)。

民俗学専攻。生活文化と医療を研究主題に、群馬県の地域文化に関心を持つ。編者に『図解案内日本の民俗』(吉川弘文館、2011年)、論文に「道祖神の継承と地域振興―『道祖神の里めぐり』を例として―」(『群馬歴史民俗』34号、2013年)、「初絵の図像と初絵売り習俗―群馬県多野郡上野村と旧万場町を中心に―」(『群馬歴史民俗』36号、2015年)、「近世の年中行事と現行行事における食の比較―群馬県の七夕と盆行事をめぐって―」(『群馬文化』322号、2015年)などがある。


寺口 学（てらぐち・まなぶ） 1989年生まれ。

能登町教育委員会事務局学芸員。

日本中世史専攻。荘園史を主とするが、近世史も含め地域に還元できる研究を目指して取り組んでいる。論文に「加賀国金津荘の荘域と相論」(東四柳史明編『地域社会の文化と史料』同成社、2017)、「戦国期加賀国金津荘の荘経営と在地構造」(『加能史料研究』23号、2017)などがある。


東四柳 史明（ひがしよつやなぎ・ふみあき） 1948年生まれ。

金沢学院大名誉教授・石川県立図書館史料編さん室室長。

日本中世史・神社史専攻。主な編著に、『半島国の中世史』(北國新聞社、1992年)、『社寺造営の政治史』(共編著、思文閣出版、2000年)、『地域社会の文化と史料』(編書、同成社、2017年)などがある。

【執筆者紹介】50 音順

秋山 寛行（あきやま・ひろゆき） 1990 年生まれ。

群馬県立聾学校教諭（臨時任用）。

日本近世史専攻。街道や宿場を研究テーマとする。論文に「嘉永四年における宿組合の編成と機能」（『群馬歴史民俗』37 号、2016 年）、「幕末期中山道における宿組合取締役の活動」（『群馬文化』325 号、2016 年）などがある。


石田 文一（いしだ・ふみかず） 1962 年生まれ。

石川県立図書館史料編さん室専門員。

日本中世史専攻。加賀・能登の戦国時代、白山本宮の歴史等を研究。論文に「戦国期加賀国の非真宗寺院について―山代荘慶寿寺と一向一揆・本願寺―」（地方史研究協議会編『伝統の礎―加賀・能登・金沢の地域史―』雄山閣、2014 年）、「戦国期の加賀国白山本宮荘厳講と在地社会」（東四柳史明編『地域社会の文化と史料』同成社、2017 年）などがある。


板橋 春夫（いたばし・はるお） 1954 年生まれ。

群馬歴史民俗研究会代表幹事。日本工業大学教授。博士（文学）。

民俗学専攻。いのちの民俗学がライフワーク。近年は住まい文化論にも関心を持つ。著書に『誕生と死の民俗学』（吉川弘文館、2007 年）、『叢書いのちの民俗学』1〜3 巻（社会評論社、2009〜2010 年）、編著に『日本人の一生』（八千代出版、2014 年）、『年中行事の民俗学』（八千代出版、2017 年）などがある。


鎌田 康平（かまた・こうへい） 1988 年生まれ。

金沢市立玉川図書館近世史料館。

日本近世史専攻。初期幕藩関係を研究テーマとする一方、地域に残されている古文書の調査・整理にも関わる。論文に「加賀藩と公儀普請―大坂城再築普請をめぐる幕藩関係―」（『加能地域史』61 号、2014 年）、「近世初・前期の七日市藩と加賀藩―前田利孝・利意を中心として―」（『加賀藩研究』8 号、2018 年）などがある。


木越 祐馨（きごし・ゆうけい） 1955 年生まれ。

加能地域史研究会代表委員。

日本仏教史専攻。中・近世の真宗史に関心を持つ。著書に『時空を超えた本山―金沢御堂への歩み―』（真宗大谷派金沢別院、2010 年）、編著に『顕如』（宮帯出版社、2016 年）などがある。


佐藤 孝之（さとう・たかゆき） 1954 年生まれ。

東京大学史料編纂所教授。博士（歴史学）。

日本近世史専攻。近世村落史、とりわけ近世山村史、および幕領支配の研究等にあたっている。著書に『近世前期の幕領支配と村落』（巌南堂書店、1993 年）、『駆込寺と村社会』（吉川弘文館、2006 年）、『近世山村地域史の研究』（吉川弘文館、2012 年）、編著に『古文書の語る地方史』（天野出版工房、2010 年）などがある。

地域・交流・暮らし
—加賀・能登、そして上州—

岩田書院ブックレット
歴史考古学系 H25

2018年(平成30年)11月　第1刷　800部発行

定価[本体1600円+税]

編　者　加能地域史研究会
　　　　群馬歴史民俗研究会

発行所　有限会社岩田書院　代表：岩田　博　http://www.iwata-shoin.co.jp
〒157-0062　東京都世田谷区南烏山4-25-6-103　電話03-3326-3757　FAX03-3326-6788

組版・印刷・製本：三陽社

ISBN978-4-86602-061-7　C1321　¥1600E

岩田書院 刊行案内 (27)

			本体価	刊行年月
026	北村　行遠	近世の宗教と地域社会	8900	2018.02
027	森屋　雅幸	地域文化財の保存・活用とコミュニティ	7200	2018.02
028	松崎・山田	霊山信仰の地域的展開	7000	2018.02
029	谷戸　佑紀	近世前期神宮御師の基礎的研究＜近世史48＞	7400	2018.02
030	秋野　淳一	神田祭の都市祝祭論	13800	2018.02
031	松野　聡子	近世在地修験と地域社会＜近世史48＞	7900	2018.02
032	伊能　秀明	近世法制実務史料 官中秘策＜史料叢刊11＞	8800	2018.03
033	須藤　茂樹	武田親類衆と武田氏権力＜戦国史叢書16＞	8600	2018.03
179	福原　敏男	江戸山王祭礼絵巻	9000	2018.03
034	馬場　憲一	武州御嶽山の史的研究	5400	2018.03
037	小畑　紘一	祭礼行事「柱松」の民俗学的研究	12800	2018.04
038	由谷　裕哉	近世修験の宗教民俗学的研究	7000	2018.04
039	佐藤　久光	四国猿と蟹蜘蛛の明治大正四国霊場巡拝記	5400	2018.04
040	川勝　守生	近世日本石灰史料研究11	8200	2018.06
041	小林　清治	戦国期奥羽の地域と大名・郡主＜著作集２＞	8800	2018.06
042	福井郷土誌	越前・若狭の戦国＜ブックレットH24＞	1500	2018.06
043	青木・ﾐﾋｪﾙ他	天然痘との闘い：九州の種痘	7200	2018.06
045	佐々木美智子	「俗信」と生活の知恵	9200	2018.06
046	下野近世史	近世下野の生業・文化と領主支配	9000	2018.07
047	福江　充	立山曼荼羅の成立と縁起・登山案内図	8600	2018.07
048	神田より子	鳥海山修験	7200	2018.07
049	伊藤　邦彦	「建久四年曾我事件」と初期鎌倉幕府	16800	2018.07
050	斉藤　司	福原高峰と「相中留恩記略」＜近世史51＞	6800	2018.07
051	木本　好信	時範記逸文集成＜史料選書６＞	2000	2018.09
052	金澤　正大	鎌倉幕府成立期の東国武士団	9400	2018.09
053	藤原　洋	仮親子関係の民俗学的研究	9900	2018.09
054	関口　功一	古代上毛野氏の基礎的研究	8400	2018.09
055	黒田・丸島	真田信之・信繁＜国衆21＞	5000	2018.09
056	倉石　忠彦	都市化のなかの民俗学	11000	2018.09
057	飯澤　文夫	地方史文献年鑑2017	25800	2018.09
058	國　雄行	近代日本と農政	8800	2018.09
059	鈴木　明子	おんなの身体論	4800	2018.10
060	水谷・渡部	オビシャ文書の世界	3800	2018.10
061	北川　央	近世金毘羅信仰の展開	2800	2018.10
062	悪党研究会	南北朝「内乱」	5800	2018.10
063	横井　香織	帝国日本のアジア認識	2800	2018.10
180	日本史史料研	日本史のまめまめしい知識３	1000	2018.10
181	増田　和彦	焼畑と森の民	7000	2018.10

岩田書院ブックレット 歴史考古学系Ｈ

①	史料ネット	平家と福原京の時代	1600円	2005.05
②	史料ネット	地域社会からみた「源平合戦」	1400円	2007.06
③	たばこ塩博	広告の親玉赤天狗参上！	1500円	2008.08
④	原・西海 ほか	寺社参詣と庶民文化	1600円	2009.10
⑤	田村　貞雄	「ええじゃないか」の伝播	1500円	2010.04
⑥	西海・水谷ほか	墓制・墓標研究の再構築	1600円	2010.10
⑦	板垣・川内	阪神淡路大震災像の形成と受容	1600円	2010.12
⑧	四国地域史	四国の大名	品切れ	2011.04
⑨	市村高男ほか	石造物が語る中世の佐田岬半島	1400円	2011.08
⑩	萩原研究会	村落・宮座研究の継承と展開	1600円	2011.09
⑪	四国地域史	戦争と地域社会	1400円	2011.10
⑫	法政大多摩	文化遺産の保存活用とNPO	1400円	2012.03
⑬	四国地域史	四国の自由民権運動	1400円	2012.10
⑭	時枝・由谷ほか	近世修験道の諸相	1600円	2013.05
⑮	中世史ｻﾏｰｾﾐﾅｰ	日本中世史研究の歩み	1600円	2013.05
⑯	四国地域史	四国遍路と山岳信仰	品切れ	2014.01
⑰	品川歴史館	江戸湾防備と品川御台場	1500円	2014.03
⑱	群馬歴史民俗	歴史・民俗からみた環境と暮らし	1600円	2014.03
⑲	武田氏研究会	戦国大名武田氏と地域社会	1500円	2014.05
⑳	笹原・西岡ほか	ハレのかたち－造り物の歴史と民俗－	1500円	2014.09
㉑	四国地域史	「船」からみた四国－造船・異国船・海事都市－	1500円	2015.09
㉒	由谷　裕哉	郷土の記憶・モニュメント	1800円	2017.10
㉓	四国地域史	四国の近世城郭	1700円	2018.10
㉔	福井郷土誌懇	越前・若狭の戦国	1500円	2018.06

ISBN978-4-86602-061-7
C1321 ¥1600E

「下道中絵巻」高崎(部分)◉金沢市立玉川図書館近世史料館蔵

岩田書院
定価(本体1,600円+税)

[本書主要目次]